知的生きかた文庫

JN102340

朝から夜までつぶやき英語

ウィリアム・J・カリー　監修
清水建二

三笠書房

はじめに

気づいたら、英語が口から飛び出している！
英会話力を変えるのは、
アウトプットだけ！

　一体どうすれば、英語をペラペラに話せるようになるのでしょうか？　TOEIC試験でかなりの高得点を取っていても、英語を話すのが苦手……、という人は多くいます。

　私の答えは簡単です。従来のインプット中心の学習法から**アウトプット中心の学習法に変えることが最大のコツです。**

　インプットとは脳内に情報を入れること、つまり「入力」です。具体的には、**英語を読んだり聞いたりすること。**
　アウトプットとは、脳内に入ってきた情報を処理しながら外に出すこと、つまり「出力」です。**英語を書いたり話したりすることです。**

　英語がなかなか話せるようにならない人の9割は、英語の学習法がインプットに偏りがちで、アウトプットを怠っています。**いったん、脳に入れた情報は、話したり書いたりしてアウトプットすると、強固に記憶に定着するのです。アウト**

プットの作業がいかに重要であるかは、すでに多くの脳科学者によって証明されています。

　私がアウトプットの重要性を実感したのは大学受験のとき。受験科目に選択した日本史が、単に教科書を読んだり、問題集を解いたりするだけでは記憶がなかなか定着しないことに気づき、自分が日本史の先生になったつもりで、覚えたての知識を誰もいない部屋で一人ペラペラと講義し、アウトプット量を増やしたのです。

　それが奏功し、どの大学でも面白いほど、日本史はほぼ満点を取れるようになりました。

　私たち日本人のほとんどが他のアジアの国々の人々と比べて話すための英語力が劣る一番大きな理由は、英語を話さなければならない環境に置かれていない点があげられます。

　近年、英語の社内公用語化を採用する日本企業も現れ、英語を話せるかどうかが死活問題である人もいますが、それは日本人全体のごく一部でしかありません。

　お金と時間に余裕があるなら、毎週、英会話学校に通うのが一番手っ取り早い方法でしょうが、そうした条件に恵まれている人もそう多くはないはずです。

　また、たまに訪日外国人に道を聞かれて答えたり、海外旅行した際に、ちょっと話したりする程度では、アウトプット量として不足なのも事実です。

　ならば、いつ、どのように、どれだけ英語をアウトプットすればいいのでしょうか？

　私がお勧めする最良の方法が、本書で紹介する朝から夜まで思ったことを英語でつぶやく、「つぶやき学習法」です。

　これは、普段、日本語で考えることを朝から夜まで、英語でつぶやく、**シンプルだけれど、とても強力なアウトプット学習法**です。お金も時間もかからず、また相手を必要とせず、いつでもどこでも気軽に、アウトプット量を最大化できます。

　例えば、朝ベッドで目覚めたら、「I want to sleep ten more minutes.（あと10分寝ていたい）」とか、通勤（通学）電車の中で「This train is five minutes delayed. I may be late.（この電車5分遅れてる、遅刻しちゃうかも）」とつぶやき、夕には、「I think I'll drop by a bar on my way home.（帰りに飲み屋にちょっと寄ろうっと）」などとつぶやくのです。

　本書の最大の特長は、**基礎編**では、48の基本パターンで、英語表現の基礎を固めることを狙います。そしていよいよ**実**

践編では、基本フレーズを駆使して、1500もの日常のよくあるシーンをつぶやいていきます。

この2つのステップを踏めば、初級者でもラクに「つぶやき学習」を進めることができるようになります。

なお、**中級レベル以上の学習者なら、実践編から始めてもいいでしょう。**

日常のちょっとしたシーンに合わせて、声に出して何度も何度もつぶやくうちに、やがてそれは自分のものとなり、新しい英文を自分で、どんどん作っていけるようになります。

必ず、あなたの英語を話す力は、ダイナミックに変わります。**無意識に英語が口から飛び出るようになる日は、必ずきます。**ぜひ、今日から始めてください。

最後になりますが、今回の企画に多大なる関心を示していただき、監修を快諾していただいたわが尊敬する恩師・元上智大学学長のウィリアム・J・カリー神父にこの場を借りて、深い感謝の意を表したいと思います。

清水建二

本書の使い方

●基本編

> どんなときにつぶやくか、何についてつぶやくか。使うといい状況を解説

> この基本フレーズを覚えるだけで、すぐにさまざまなことがつぶやけるようになる!

18

「目の前にあるモノ」をつぶやく

1 This is~
これ〜だなあ

This is good.
これ、おいしいなあ。

目の前にあるモノがどんな状態にあるかをつぶやく表現。「これおいしい」なら This is good. で、おいしくなければ This isn't good. です。isn't は is not の短縮形です。離れたところにあるモノには that を使い、複数のモノを指す場合は These/Those are~ です。this や that は「この〜」や「あの〜」のように名詞の前で形容詞的に使うこともできます。

2 Is this~?
これ〜かな?

Is this good?
これ、おいしいかな。

目の前のモノの状態を確かめたり、想像したりするときの表現です。複数のモノに対しては、Are these〜? となり、Are these your shoes?「これはあなたの靴ですか」のように、「〜」に名詞が入るときは、複数形にします。

基本編 19

つぶやき練習でペラペラになる!

① **This is a bit difficult.**
これ、ちょっと難しいなあ。

② **This is very spicy.**
これ、とても辛いなあ。

③ **This isn't to my tastes.**
これは私の趣味じゃないなあ。

④ **This coffee is too strong.**
このコーヒー、濃すぎる。

⑤ **Is that a UFO?**
あれは UFO かな?

⑥ **Is that my English teacher, Mr. Smith?**
あれは英語のスミス先生かな?

⑦ **Is this French or Spanish?**
これ、フランス語かな、それともスペイン語かな?

⑧ **Is that building a temple or a Shinto shrine?**
あの建物はお寺かな、それとも神社かな?

⑨ **These noodles are tough.**
この麺、堅いなあ。

⑩ **Are these socks mine?**
この靴下、私のかな?

> 基本フレーズを使った例文

> 表現フレーズの文法や語法、役立つ関連情報など!

> 練習用の例文。実際に声に出してつぶやいて何度も練習を。
> 赤字以外の部分をアレンジすれば自分なりの英文も自由自在!

●実践編

基礎編で身につけたフレーズを使って、シーン別に表現の幅を広げていきます。単語を入れ替えれば、自分だけのつぶやきができます!

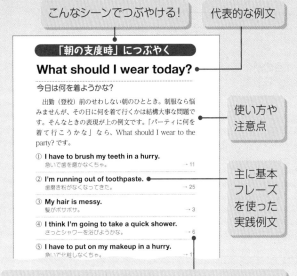

こんなシーンでつぶやける!

代表的な例文

使い方や注意点

主に基本フレーズを使った実践例文

「朝の支度時」につぶやく

What should I wear today?

今日は何を着ようかな?

　出勤(登校)前のせわしない朝のひととき。制服なら悩みませんが、その日に何を着て行くかは結構大事な問題です。そんなときの表現が上の例文です。「パーティに何を着て行こうかな」なら、What should I wear to the party? です。

① I have to brush my teeth in a hurry.
　急いで歯を磨かなくちゃ。　→ 11

② I'm running out of toothpaste.
　歯磨き粉がなくなってきた。　→ 25

③ My hair is messy.
　髪がボサボサ。　→ 3

④ I think I'm going to take a quick shower.
　さっとシャワーを浴びようかな。　→ 6

⑤ I have to put on my makeup in a hurry.
　急いで化粧しなくちゃ。　→ 1

文法のおさらいや再確認をしたいときに。フィードバックするといい基本フレーズ番号を表示。基本に立ち戻れば、より記憶が強固に!

本書で使われる記号

S ……… 主語
V ……… 動詞
Do ……… 動詞の原形
Doing ……… 動名詞または現在分詞

※文中にA/Bとある場合は、AかBのどちらかを選ぶことを示しています。

もくじ

実践編

シーン別につぶやこう！

「起きてから寝るまで」英語でペラペラ！

「日常生活」を英語でペラペラ！

「余暇」を英語でペラペラ！

本文イラスト　兎村 彩野
本文DTP　　　ウエイド

基本編

たった４８パターンで
ペラペラになる！

基本編では、

365日のさまざまなシーンで

つぶやくための表現を

インプットします。

口慣らしに、たくさんつぶやいて

みましょう。

「目の前にあるモノ」をつぶやく

1 This is~
これ〜だなあ

> **This is good.**
> これ、おいしいなあ。

　目の前にあるモノがどんな状態にあるかをつぶやく表現。「これおいしい」なら This is good. で、おいしくなければ This isn't good. です。**isn't** は is not の短縮形です。離れたところにあるモノには **that** を使い、複数のモノを指す場合は **These/Those are 〜**です。this や that は「この〜」や that「あの〜」のように名詞の前で形容詞的に使うこともできます。

2 Is this~?
これ〜かな?

> **Is this good?**
> これ、おいしいかな。

　目の前のモノの状態を確かめたり、想像したりするときの表現です。複数のモノに対しては、**Are these 〜?** となり、Are these your **shoes**?「これはあなたの靴ですか」のように、「〜」に名詞が入るときは、複数形にします。

つぶやき練習でペラペラになる！

① **This is a bit difficult.**
これ、ちょっと難しいなあ。

② **This is very spicy.**
これ、とても辛いなあ。

③ **This isn't to my tastes.**
これは僕の趣味じゃないなあ。

④ **This coffee is too strong.**
このコーヒー、濃すぎる。

⑤ **Is that a UFO?**
あれは UFO かな？

⑥ **Is that my English teacher, Mr. Smith?**
あれは英語のスミス先生かな？

⑦ **Is this French or Spanish?**
これ、フランス語かな、それともスペイン語かな？

⑧ **Is that building a temple or a Shinto shrine?**
あの建物はお寺かな、それとも神社かな？

⑨ **These noodles are tough.**
この麺、堅いなあ。

⑩ **Are these socks mine?**
この靴下、私のかな？

「自分や身近な人・モノの状態」をつぶやく

3 S+am/is/are~

〜だなあ

> **I'm so hungry.**
> おなかすいたなあ。

　現在の「私」の状態や様子をつぶやく表現が I'm 〜 です。I'm は I am の短縮形で、「私は〜じゃない」という否定文は I'm not 〜 「私は〜かな」という疑問文は、Am I 〜？です。主語が三人称単数の場合は、am の代わりに is を使い、複数の場合は are を使います。ただし、「あなた (you)」の場合は、常に are を使うので注意が必要です。

4 S+was/were~

〜だったなあ、〜しちゃった

> **I was late for school.**
> 学校に遅刻しちゃった。

　過去の状態や様子をつぶやくときは、am や is の代わりに was を、are の代わりに were を使えばOKです。疑問文や否定文の作り方も現在形のときと同じ要領です。

つぶやき練習でペラペラになる！

① I'm so thirsty.
喉が渇いたなあ。

② Am I wrong?
私、間違っているのかなあ？

③ You are rich.
あなたはお金持ちねえ。

④ The cat is so cute.
そのネコかわいいなあ。

⑤ Is she Japanese?
彼女は日本人かなあ？

⑥ He's not my type.
彼は私のタイプじゃないわ。

⑦ Are they married?
彼らは結婚しているのかな？

⑧ My mother was a flight attendant.
母は客室乗務員だった。

⑨ Tom and I were classmates.
トムと私は同じクラスだった。

⑩ Keiko was so pretty when she was a student.
ケイコは学生のころは、かわいかったなあ。

「予定」をつぶやく

5 I'll *do~*

〜しようっと、〜するか

I'll get a drink.
飲み物を買おうっと。

　I'll は I will の短縮形で、「〜しよう」という、その場で思いついた「意思」を表します。「〜するのやめよう」や「〜はしない」には、I will not の短縮形の **I won't** を使います。しない気持ちが強ければ、not の強調形の never を使って、**I'll never do 〜** を使ってください。文頭に **I think** をつければ、「〜しようかな」という控え目な表現になります。

6 I'm going to *do~*

〜する、〜するつもり

I'm going to see a movie.
映画を見に行くつもり。

　I'll do 〜と似ていますが、こちらは、予め決められた「意思」を表し、I'll に比べると意思の強さを感じさせます。I'll do 〜 の場合同様、**I think** をつけると控えめな表現となります。

つぶやき練習でペラペラになる！

① **I'll park my car on the street.**
路駐しようっと。

② **I'll have an early lunch.**
早弁しようっと。

③ **I'll gargle.**
うがいをしようっと。

④ **I'll cut the class.**
授業サボろうっと。

⑤ **I think I'll go for a walk.**
散歩に行こうかな。

⑥ **I think I'll skip breakfast.**
朝食を抜こうかな。

⑦ **I won't go for a drink tonight.**
今夜は飲みに行かない。

⑧ **I'll never forget him.**
彼のことは決して忘れない。

⑨ **I'm going to be a lawyer when I grow up.**
将来は弁護士になるんだ。

⑩ **I think I'm going to marry Yoko.**
ヨーコと結婚しようかな。

7 I want to *do*~

～したいなあ

I want to drink a beer.
ビールが1杯飲みたいなあ。

I want to *do* ～「～したい」は直接的な欲求なので、相手に話しかけるときは親しい人以外には使わない方が無難です。一方、したくない気持ちは、I don't want to do ～です。また、**I feel like doing ～**（～したい気分）や**I'm in the mood for ～**（～が欲しい気分）なども一緒に覚えておくと便利です。

8 I wish S＋過去形

Sが～ならいいのになあ

I wish I were/was a little taller.
もう少し背が高ければなあ。

実際には実現不可能な仮定や願望を表すのが、I wish S＋過去形です。上の英文のように、過去形の be 動詞は主語に関係なく、were を使うことができます。

つぶやき練習でペラペラになる！

① **I want to eat curry and rice.**
カレーライスが食べたいなあ。

② **I want to lie on the sofa.**
ソファに横になりたいなあ。

③ **I want to go out with Keiko.**
ケイコと付き合いたいなあ。

④ **I don't want to study English.**
英語を勉強したくないなあ。

⑤ **I'm in the mood for pasta tonight.**
今夜はパスタが食べたい気分。

⑥ **I don't feel like eating anything.**
何も食べたくない気分。

⑦ **I wish I could play the piano.**
ピアノが弾けたらなあ。

⑧ **I wish I were/was rich.**
お金持ちだったらなあ。

⑨ **I wish I had a kid.**
子どもがいたらなあ。

⑩ **I wish my husband would start job-searching.**
夫が職探しをしてくれたらなあ。

「好きなこと・嫌なこと」をつぶやく

9 I like/hate *doing*~

〜するのが好き/嫌だ

I hate doing the chores.
雑用をするのは嫌だ。

7のI don't want to do ~ よりもさらに嫌な気持ちを表すのがI hate doing ~ です。この表現は普段から、そうするのが嫌だという気持ちを表します。I hate to do ~ は、今そうするのが嫌だ、というニュアンスです。逆に好きなことには、I like doing ~ を使います。

10 It's fun/a pain to *do*~

〜するのは楽しい/面倒だ

It's a pain to walk to the bus stop.
バス停まで歩くのは面倒だ。

文頭のItは仮主語のitと言い、to do ~ 以下が本当の主語を表します。「〜するのは難しい」という意味のhave trouble doing ~ や It's hard for me to do ~ などの表現も必須です。

つぶやき練習でペラペラになる！

① **I hate green peppers.**
ピーマンは嫌い。

② **I hate commuting on crowded trains.**
満員電車の通勤は嫌だ。

③ **It's fun to climb mountains.**
山登りは楽しい。

④ **I like going to the movies.**
映画を見に行くのが好き。

⑤ **I hate doing this job.**
この仕事をするのは嫌だ。

⑥ **It's a pain to peel onions.**
玉ねぎの皮をむくのは面倒だ。

⑦ **It's a pain to clean the toilet.**
トイレの掃除は面倒だ。

⑧ **It's a pain to water the flowers in the garden.**
庭の花に水をやるのは面倒だ。

⑨ **I had trouble getting to the station.**
駅までたどり着くのが大変だった。

⑩ **It was hard for me to pass the exam.**
試験にパスするのが難しかった。

11 I have to *do~*

〜しなくちゃ

I have to hurry up.
急がなくちゃ。

　must は、自分の考えや判断に基づいて使うのに対し、have to は、外的な要因からそうしなければならないときに使います。「〜しなくてもいいや」なら、I don't have to do 〜 で、「〜しなくちゃダメかな」なら、Must I 〜 ？か Do I have to do 〜 ？です。I had better *do* 〜「〜した方がいいかな」も合わせて覚えましょう。

12 It's time to *do~*

〜する時間だ

It's time to go to bed.
もう寝る時間だ。

　ふと時計を見て「もうそんな時間か」と思ったときに使える表現が It's time to do 〜 です。「もう寝る時間だ」は、It's time for bed. のような表現も可能です。この表現は相手に行動を催促する意味としても使えます。

つぶやき練習でペラペラになる！

① **I must go on a diet.**
ダイエットしなくちゃ。

② **I must finish my homework by 5 o'clock.**
5時までに宿題終をわらせなくちゃ。

③ **I must eat more vegetables.**
もっと野菜を食べなくちゃ。

④ **Must I go to the meeting?**
会議に行かないとだめかな？

⑤ **Do I have to wear a tie to the party?**
パーティーにネクタイをしなくちゃダメかな？

⑥ **I don't have to hurry.**
急がなくてもいいや。

⑦ **It's time for lunch. Let's go to the cafeteria.**
昼食の時間だ。社員食堂に行こう。

⑧ **It's time to go to school. I must hurry.**
もう学校に行く時間だ。急がなくちゃ。

⑨ **It's time for a break. I think I'll make coffee.**
休憩の時間だ。コーヒー入れるかな。

⑩ **It's time to go shopping. What shall I make for dinner?**
買い物に行く時間だ。夕飯は何にしようかな？

「見た光景」をつぶやく

13 There's a~

~がある、~がいる

There's a fly on the wall.
壁にハエがとまっている。

　不特定の人やモノを見たときの表現が there's a ~ です。there's は there is の短縮形。複数の場合は、**there are ~**（複数形の名詞）です。「（人が）いるかな」とか「（モノが）あるかな」は、**Is there a ~ ？** か Are there ~ ？のように、is や are を文頭に出します。また、there is ~、there are ~ の構文は、行事や出来事などが「ある」ときにも使えます。過去のことを表す場合は、is の代わりに **was** を、are の代わりに **were** を使います。

14 There's a~*doing*

~が…している

There's a cat sitting on my car.
ネコが私の車の上に座っている。

　「あの人~している」のように、ある人を見て、その人の動作や行為を示したいときに使う表現です。

つぶやき練習でペラペラになる！

① **There's a cat on the telephone booth.**
電話ボックスの上にネコがいる。

② **There's a cell phone under the table.**
テーブルの下にケータイがある。

③ **There are two banks in front of the station.**
駅前に銀行が2つある。

④ **Is there a convenience store around here?**
この辺にコンビニはあるかな？

⑤ **Is there anyone who can speak Japanese?**
日本語を話せる人は誰かいるかな？

⑥ **There was a flea market in the park nearby today.**
今日、近所の公園でフリマがあった。

⑦ **Are there any bars near the station?**
駅の近くに何軒か飲み屋はあるかな？

⑧ **There are many people waiting for the bus to come.**
たくさんの人たちがバスが来るのを待っている。

⑨ **There's someone waving to me.**
誰かが私に手を振っている。

⑩ **There is an old man sitting on the bench.**
老人がベンチに座っている。

「したこと」をつぶやく

15 I've (already)＋過去分詞 ～

（もう）～しちゃった

I've overslept.
寝坊しちゃった。

　「have ＋過去分詞」の現在完了形です。これは、たった今、何かを終了したというときや、ある状態に陥ってしまったときにつぶやく表現です。I've は I have の短縮形で、会話ではこちらの方が一般的です。主語が 3 人称（I、we、you 以外）で単数ならば、have の代わりに **has** を用います。「彼女、もう～したかな」なら、Has she already＋過去分詞？となります。

16 I've never ＋過去分詞 ～

一度も～したことないなあ

I've never climbed Mt. Fuji.
富士山には一度も登ったことがない。

　今までに一度も経験したことがないことをつぶやく表現です。相手に「～したことがあるか」と尋ねるときは ever を使って **Have you ever ＋過去分詞？** とすれば OK。

つぶやき練習でペラペラになる！

① **I've already done my homework.**
もう宿題やっちゃった。

② **I've forgotten my commuter pass.**
定期券忘れちゃった。

③ **I've bought a new car.**
新車、買っちゃった。

④ **I've lost my passport.**
パスポートなくしちゃった。

⑤ **Has he already eaten lunch?**
彼はもうお昼ご飯食べたかな？

⑥ **Where has the cat gone?**
そのネコはどこに行ったのかな？

⑦ **She still hasn't come.**
彼女、まだ来てないよ。

⑧ **I've never visited his house.**
彼の家には一度も訪れたことがないなあ。

⑨ **Hove you ever been to Hawaii?**
ハワイに行ったことがありますか？

⑩ **How many times have I been to Canada?**
カナダには何回行ったことがあるかなあ？

「時間・日にち・曜日・天気」をつぶやく

17 It's~(today)

（今日は）〜だ

> **It's Wednesday today.**
> 今日は水曜日だ。

　時間や天候をつぶやく表現です。It's は It is の短縮形で、会話ではこちらの方が一般的です。過去の時間や天気を表す場合は、**It was 〜** です。「（今日は）〜かな？」ならば、**Is it 〜?** と言い、「（今日は）〜だったかな？」なら **Was it 〜?** のように、is や was を文頭に出します。

18 It'll be~(today)

（今日は）〜になる

> **It'll be cold today.**
> 今日は寒くなる。

　今日や明日の天気を予想する表現です。It'll は It will の短縮形です。「今日は晴れるかな？」なら、Will it be sunny today? のように will を文頭に置いて表します。

> つぶやき練習でペラペラになる！

① **What time is it?**
今、何時かな？

② **It's already twelve midnight.**
もう夜中の12時だ。

③ **It's four twenty.**
今、4時20分。

④ **It's cloudy today.**
今日は曇り。

⑤ **It'll be snowy this afternoon.**
午後から雪になる。

⑥ **It was rainy yesterday.**
昨日は雨だった。

⑦ **How is the weather today?**
今日の天気はどうかな？

⑧ **Is it Thursday today?**
今日は木曜日だっけ？

⑨ **It's already Friday.**
もう金曜日か。

⑩ **It's half past three.**
3時30分だ。

「できること」をつぶやく

19 Can I *do* ~?

~してもいいかな?

> **Can I smoke here?**
> ここでタバコを吸ってもいいかな?

　can の基本は「~できる」という「可能」の意味。「彼ならできる」は He can do it. で、「彼にはできない」は He can't do it. と表現。Can I do ~? の文字通りの意味は「私にできるかな?」ですが、「~してもいいかな?」と許可を求める際にも使います。**Is it OK to eat this cake?**「このケーキ食べてもいいかな?」の Is it OK to do ~? の形も同じ意味で使えます。

20 How can I *do* ~?

どうやって~できるかな?

> **How can I eat this?**
> これどうやって食べたらいいのかな?

　疑問詞＋ can I ~? でさまざまな問いかけが可能に。手段や方法を問う「どうやって~」なら how を、「どこで~」なら where を、「いつ~」なら when を、「何を~」なら what を文頭に置きます。

つぶやき練習でペラペラになる！

① **Can I eat this cake?**
このケーキ食べてもいいかな？

② **Can I turn on the air-conditioner?**
エアコンをつけてもいいかな？

③ **Is it OK to close the window?**
窓を閉めてもいいかな？

④ **I can hardly wait.**
待ちきれないなあ。

⑤ **I can finish it in an hour.**
1時間で終えられるさ。

⑥ **Can she come to the party?**
彼女、パーティーに来られるかな？

⑦ **How can I get to the station?**
どうやって駅まで行ったらいいかな？

⑧ **When can I take a day off?**
いつ休みが取れるかな？

⑨ **Where can I exchange money?**
どこで両替できるかな？

⑩ **What can I do for him?**
彼のために何ができるかな？

「確信」をつぶやく

21

S must be~
Sは〜に違いない

This cat must be hungry.
このネコはお腹がすいているに違いない。

　must は、人やモノが「(そうであるに) 違いない」という断定や確信を表すこともできます。「〜だったに違いない」という過去の断定や確信を表す場合は、must の後に have ＋過去分詞 を続けます。「彼は金持ちだったに違いない」は He must have been rich. です。

22

I'm sure SV
きっとSはVするに違いない

I'm sure she will succeed.
きっと彼女は成功する。

　I'm sure は主観的な判断に基づく確信を表します。例えば、I'm sure I can do it. 「きっとできると思う」なら、話し手の希望的な観測を伝えることになります。また、相手を目の前にして、I'm sure you can do it. 「君ならきっとできるよ」と言えば相手を励ます表現になります。

つぶやき練習でペラペラになる！

① **He must be rich.**
彼は金持ちに違いない。

② **He must be kind at heart.**
彼は根は優しい人に違いない。

③ **The baby must be crying for milk.**
赤ちゃんはミルクを求めて泣いているに違いない。

④ **The teacher must be popular with students.**
その先生は生徒たちに人気があるに違いない。

⑤ **Something must be wrong with this PC.**
このパソコンはどこか故障しているに違いない。

⑥ **She must be pregnant.**
彼女は妊娠しているに違いない。

⑦ **He must have missed the last train.**
彼は終電に乗り遅れたに違いない。

⑧ **My son must have failed the test.**
息子は試験に落ちたに違いない。

⑨ **I'm sure he will get married to her.**
きっと彼は彼女と結婚する。

⑩ **I'm sure it will be sunny tomorrow.**
きっと明日は晴れる。

「推量」をつぶやく

23 S is going to *do*~
〜するだろう

It's going to rain.
雨が降りそう

　be going to は、確かな徴候や証拠に基づいた「推量」を表します。上の例文は、上空に雨雲がたれ込めて今にも降り出しそうな状況で使います。単なる「推量」や「予想」なら will で表します。断定するのを避けて「〜のようだ」や「〜みたい」とつぶやくときは、**It seems SV 〜 .** の形を使います。

24 S may *do*~
Sは〜するかもしれない

He may come to the party.
彼はパーティに来るかも。

　may/might は「〜かもしれない」という推量を表し、実現する可能性は約 50%。It may rain tomorrow.（明日は雨が降るかもしれない）なら、降雨の確率は五分五分です。「〜だったかもしれない」という過去の推量は、may/might have＋過去分詞で表します。

つぶやき練習でペラペラになる！

① **Be careful. The rock is going to fall.**
気をつけて。その岩は今にも落ちてきそう。

② **I'll miss you.**
君がいなくなるとさびしくなるよ。

③ **It's getting cold. It's going to snow this afternoon.**
だんだん寒くなってきた。午後から雪になるだろう。

④ **It's going to be a busy day today.**
今日は忙しい一日になるだろう。

⑤ **It seems that woman is a doctor.**
あの女性は医者みたい。

⑥ **It seems she's telling a lie.**
彼女はウソを言っているみたい。

⑦ **He may be sick in bed.**
彼は病気で寝ているかも。

⑧ **The teacher may not recognize me.**
先生は私が誰だか分からないかも。

⑨ **He may have caught the first train.**
彼は始発電車に間に合ったかも。

⑩ **I may have met her somewhere before.**
彼女に以前どこかで会ったかも。

「進行中の動作」をつぶやく

25 S is *doing*~

Sは〜している

> **He's studying hard.**
> 彼は一生懸命勉強している。

　今していること、今行われていることを表すのが現在進行形で、基本形は **be 動詞 (am, is, are) + doing** です。be 動詞は主語が単数のときは is（I のときは am を、you のときは are）、複数のときは are を使います。過去に始めたことが今も続いていることを表す場合は、現在完了進行形（**have/has been doing**）を使います。状態が続いているときは have/has＋過去分詞の現在完了形です。

26 S is *doing*＋未来を表す副詞

〜することになっている

> **He's coming to the party tonight.**
> 彼は今晩、パーティーに来る。

　現在進行形の文の末尾に、tomorrow（明日）や this evening（今晩）などの近い未来を表す副詞を置くと、「〜することになっている」という既に決まった予定を表します。

つぶやき練習でペラペラになる！

① **My father is washing the car in the carport.**
父はカーポートで洗車している。

② **My mother is preparing dinner in the kitchen.**
母は台所で夕食の準備をしている。

③ **What is he talking about?**
彼は何のことを言っているのかな？

④ **Who is singing this song?**
誰がこの歌を歌っているのかな？

⑤ **I have been waiting for him for an hour.**
１時間彼のことを待ってる。

⑥ **It has been raining since yesterday.**
昨日から雨が降っている。

⑦ **I've had a bad cold since yesterday.**
昨日から風邪を引いています。

⑧ **When is he coming back to Japan?**
彼はいつ日本に戻って来るのかな？

⑨ **I'm meeting her this afternoon.**
今日の午後、彼女に会うことになっている。

⑩ **I'm eating out with my wife tonight.**
今夜、妻と外食することになっている。

「命令文」でつぶやく

27

Do~
~しろよ

Hurry up!
急ぎなさい。

　動詞の原形で始まる文を「命令文」と言います。日本語で命令文と言うと、やや威圧的な感じを受けますが、英語では優しくソフトな感じで言えば、それほど命令口調にはなりません。Hurry up! は Be quick! としても同じです。命令文の直前に、**Let's** をつければ、「**(みんなで) ～しよう**」という意味になります。

28

Don't+*do*~
~するな

Don't drink and drive.
飲酒運転するな。

　命令文の否定形、つまり、「～するな」は「Don't ＋動詞の原形」で表します。Don't は Do not の短縮形です。肯定の命令文と同じように、語調を和らげたいときは、文頭か文尾に **please** をつけます。

つぶやき練習でペラペラになる！

① **Stand in line, please.**
列に並んでくださいね。

② **Keep to the right.**
右側通行しろよ。

③ **Please close the door behind you.**
ドアを閉めてよ。

④ **Let's have a picnic in the park.**
公園でお弁当を食べよう。

⑤ **Set your cell phone to silent mode.**
サイレントモードにしろよ。

⑥ **Let's go to karaoke.**
カラオケに行こう。

⑦ **Don't slurp your soup.**
音を立ててスープを飲まないでよ。

⑧ **Don't sit so close to the television.**
テレビにそんなに近づくなよ。

⑨ **Don't talk so loudly, please.**
そんな大声でしゃべらないで。

⑩ **Please don't leave the water running.**
水を出しっぱなしにしないでよ。

「後悔・失念」をつぶやく

29 I should have＋過去分詞~
~しておけばよかった

> **I should have left earlier.**
> もっと早く出ていればよかった。

　過去を振り返って「～しておけばよかった」とつぶやく表現が should have ＋過去分詞 です。「～しなきゃよかった」なら shouldn't have ＋過去分詞 で、「～する必要はなかった」なら、needn't have ＋過去分詞 と表現します。

30 I forgot to *do*~
~するのを忘れた

> **I forgot to bring my passport.**
> パスポートを持ってくるの忘れた。

　何かを「忘れる」ことは誰にでもあります。そんなときに使える表現が I forgot to do ～ です。また、単にモノを忘れたことをつぶやくなら、forgot の後にモノを表す名詞（句）を続けて I forgot ＋名詞（句）とすれば OK です。

つぶやき練習でペラペラになる！

① **I should have** studied for the exam.
試験勉強をしておけばよかった。

② **I should have** reserved a seat.
席を予約しておけばよかった。

③ **I shouldn't have** drunk too much last night.
夕べは飲み過ぎなきゃよかった。

④ **I shouldn't have** ignored his advice.
彼の忠告を無視するんじゃなかった。

⑤ **I needn't have** brought an umbrella.
傘を持ってこなくてもよかった。

⑥ **I needn't have** watered the flowers.
花に水をあげなくてもよかった。

⑦ **I forgot** his name.
彼の名前を忘れちゃった。

⑧ **I forgot** my lunch box.
お弁当忘れちゃった。

⑨ **I forgot to** call her last night.
夕べ、彼女に電話するの忘れちゃった。

⑩ **I forgot to** pick her up at the station.
彼女を駅まで迎えに行くのを忘れちゃった。

「されること・されたこと」をつぶやく

31 I was＋過去分詞 ~

~されちゃった、~しちゃった

I got caught in a shower.
雨に降られちゃった。

be 動詞 (am, is, are, was, were) ＋過去分詞で「~される、~された」という受け身を表しますが、be 動詞の代わりに get や got を使えば、「~される、~された」という行為を強調する表現になります。

32 I was＋過去分詞 to *do*~

~してびっくり

I was surprised to see him there.
そこで彼に会ってびっくりした。

感情を表す動詞は、be 動詞＋過去分詞 の形で、be surprised「びっくりする」、be disappointed「がっかりする」、be relieved「ホッとする」、be excited「興奮する」などの意味で使われます。直後に to do ~ や前置語句を続ければ、それらの感情の原因を表すことができます。

つぶやき練習でペラペラになる！

① **I got caught in a traffic jam.**
交通渋滞に遭った。

② **I got bitten by a snake in the bush.**
草むらでヘビにかまれた。

③ **Did he get fired?**
彼は首になったのかなあ？

④ **I'm fed up with his jokes.**
彼のジョークにはうんざり。

⑤ **We were surprised at his sudden death.**
私たちは彼の突然の死にびっくりした。

⑥ **I was surprised at the news.**
その知らせにびっくり。

⑦ **Is she satisfied with the result?**
彼女はその結果に満足しているかな？

⑧ **I was excited to see Hitoto Yo in person.**
一青窈さんを間近で見て興奮した。

⑨ **I was relieved to find he had arrived safely.**
彼が無事に戻ってきてホッとした。

⑩ **I was disappointed with the concert.**
そのコンサートにはがっかりした。

「動詞 have を使って」いろいろつぶやく

33 I had~

~した

I had an accident on the way.
途中で事故に遭った。

　have の基本的な意味は「持つ」や「所有する」ですが、「食べる (eat)」、「飲む (drink)」、「催す (hold)」などの意味でも使われるほか、**have a chat（おしゃべりする）**、**have a bath（入浴する）**のように、名詞と一緒に使って具体的な行為を表すこともできる便利な動詞です。

34 I have~

~にかかっている

I have a terrible hangover.
二日酔いがひどい。

　I have a cold.「風邪を引いています」のように、病気やけがをしたときなど、have を使って体調や体の状態を表すことができます。

つぶやき練習でペラペラになる！

① **We had a party at home last night.**
夕べは家でパーティーをした。

② **She has three cats.**
彼女はネコを3匹飼っている。

③ **He has a second house in Switzerland.**
彼はスイスに別荘を持っている。

④ **She has two little sisters.**
彼女には妹が2人いる。

⑤ **What does he have in his hand?**
彼は手に何を持っているのかな？

⑥ **I'll have a Big Mac.**
ビッグマックを食べよう。

⑦ **We have English in second period.**
2時間目は英語だ。

⑧ **I had a good rest last night.**
夕べはよく眠れた。

⑨ **I have hay fever.**
花粉症です。

⑩ **I have a pain in my stomach.**
お腹が痛いです。

「状態や程度」を問いかけてつぶやく

35

How＋疑問文？

どうやって〜するかな？

How can I get to the station?
駅までどう行けばいいかな？

　How の後に疑問文を続けてあるモノや人がどんな状態にあるかや、どんな手段や方法でするのかをつぶやく表現です。**How about 〜（doing)?「〜（するの）はどうですか」**の表現も合わせて覚えましょう。

36

How much is~?

〜はいくらかな？

How much is this watch?
この時計はいくらかな？

　モノの値段や料金がいくらかなとつぶやく表現です。対象が複数のときは、How much are 〜？です。much の部分に、さまざまな形容詞を入れて、人やモノの状態や程度が問えます。例えば、big や large なら「大きさ」を、old なら「年齢」、long なら「長さ」、high や tall なら「高さ」を、far なら「距離」、many なら「数」などを問うことができます。

つぶやき練習でペラペラになる！

① **How does that song go?**
あの歌の出だしはどうだったかな？

② **How does this soup taste?**
このスープはどんな味がするのかな？

③ **How about going on a picnic this weekend?**
今週末にピクニックに行くのはどうかな？

④ **How about this cake?**
このケーキはどうかな？

⑤ **How many people are there in his family?**
彼は何人家族かな？

⑥ **How old is this building?**
この建物は築何年かな？

⑦ **How long is this bridge?**
この橋の長さはどれくらいかな？

⑧ **How tall is that tower?**
あのタワーはどれくらいの高さかな？

⑨ **How far is the station from here?**
ここから駅までどれくらいの距離かな？

⑩ **How much are these glasses?**
この眼鏡いくらかな？

「時」を問いかけてつぶやく

37

When is~?

〜はいつかな?

> **When is his birthday?**
> 彼の誕生日はいつかな?

　行事や出来事がいつあるかな、とつぶやく表現です。具体的に何時にあるのかを問いかけたいときは when の代わりに what time を使います。

38

When＋疑問文 ?

いつ〜するのかな?

> **When did I watch this movie?**
> この映画いつ見たかなあ?

　疑問詞 when の後に普通の疑問文を続ければ、「いつ〜するのかな」とつぶやくことができます。例えば、「彼女にいつ会おうかな」なら When shall I meet her?、「彼女に最後に会ったのはいつだったかな」なら When did I meet her last? です。

つぶやき練習でペラペラになる！

① **When is the best time to visit Vietnam?**
ベトナムを訪れるのに一番良い時期はいつかな？

② **When is the next concert of Hitoto Yo?**
一青窈の次のコンサートはいつかな？

③ **When is convenient for him?**
彼の都合の良い日はいつかな？

④ **When does the summer vacation start?**
夏休みはいつからかな？

⑤ **What time does the concert start?**
コンサートは何時から始まるのかな？

⑥ **What time does the next bus come?**
次のバスは何時に来るのかな？

⑦ **When shall I leave?**
いつ出発したらいいかな？

⑧ **When is he coming?**
彼はいつ来るのかな？

⑨ **When can I marry her?**
いつ彼女と結婚できるのかな？

⑩ **When did she get divorced?**
彼女はいつ離婚したのかな？

56

39 Where is ~?
~はどこかなあ?

Where is the toy section?
玩具売り場はどこかな?

モノがどこにあるのか、人がどこにいるのかをつぶやく表現です。対象が複数なら Where are ~? となります。デパートなどの建物の中で、「何階にあるのかな」とつぶやきたいときは where の代わりに **on which floor** とすればOKです。

40 Where＋疑問文 ?
どこに(で) ~するのかな?

Where did he go?
彼はどこに行ったのかな?

疑問詞 where の後に普通の疑問文を続ければ、「どこに~するのかな」とつぶやくことができます。店で自分の探しているものがどこにあるのかを店員さんに尋ねるときの決まり文句として、**Where can I find ~?**(どこに行けば**~がありますか**)を覚えておくと便利です。

つぶやき練習でペラペラになる！

① **Where's my daughter?**
娘はどこにいるのかな？

② **Where's the post office?**
郵便局はどこかな？

③ **Where are the scissors?**
ハサミはどこだっけ？

④ **Where's the food section?**
食品売り場はどこかな？

⑤ **On which floor is the toy section?**
玩具売り場は何階かな？

⑥ **Where is she from?**
彼女はどこの出身かな？

⑦ **Where am I heading for?**
どこに向かっているのかな？

⑧ **Where does she live in this town?**
彼女にこの町のどこに住んでいるのかな？

⑨ **Where did I leave my cell phone?**
ケータイはどこに置いたっけ？

⑩ **Where can I find erasers?**
消しゴムはどこにあるかな？

「理由」を問いかけてつぶやく

41 Why is S ~?
なぜSは〜なのかな?

Why is he so nervous?
彼は何でそんなに緊張しているのかな?

あるモノや人を見て「何で〜なのかな」とか「どうして〜なのかな」というように、その状態や理由が理解できないときにつぶやく表現です。**Why is S always 〜 doing?** のように、現在進行形を用いる形では、**「どうしてSはいつも〜ばかりしているのかな」**といういら立ちや非難の気持ちを表します。

42 Why＋疑問文 ?
なぜ〜なのかな?

Why did you eat my cake?
何で私のケーキを食べたの?

疑問詞 why の後に普通の疑問文を続ければ、「何で〜なのかな」とか「どうして〜なのかな」という理由を問いかけるつぶやき表現になります。

つぶやき練習でペラペラになる！

① **Why is he so selfish?**
彼は何でそんなにわがままなのかな？

② **Why am I so stupid?**
私って、何でそんなにドジなのかな？

③ **Why was he late for the meeting today?**
彼は何で今日、会議に遅刻したのかな？

④ **Why are they always talking?**
彼らは何でいつもおしゃべりばかりしているのかな？

⑤ **Why is he always picking his nose?**
彼は何でいつも鼻をほじってばかりいるのかな？

⑥ **Why was she absent from school?**
彼女は何で学校を休んだのかな？

⑦ **Why did I make such a mistake?**
何でそんな間違いをしちゃったのかな？

⑧ **Why do I have to do such a thing?**
どうしてそんなことしなくちゃいけないのかな？

⑨ **Why did he say such a thing to her?**
彼はどうしてあんなこと彼女に言ったのかな？

⑩ **Why doesn't he understand how I feel?**
彼はどうして私の気持ちを分かってくれないのかな？

「中身」を問いかけてつぶやく

43 **What is~?**

~は何かなあ？

What is this?
これ何かなあ？

　中身や内容がどんなモノであるかを問いかける表現。
What's the capital of America?「アメリカの首都はどこ
だっけ？」や What's the population of Saitama?「埼玉
県の人口はどれくらい？」のように、what は「どこ」や
「どれくらい」などの意味になることもあります。

44 **What＋疑問文 ？**

何を~するのかな?

What did he say to her?
彼は彼女に何と言ったのかな？

　疑問詞 what の後に普通の疑問文を続ければ、「何を~
するのかな」や「何を~しているのかな」という疑問をつ
ぶやけます。なお、What subject do you like the best?
「何の科目が一番好き？」のように、what は名詞の直前に
置けば形容詞的に「何の~」や「どんな~」の意味でも使
えます。「どっちの~」には、which を使います。

つぶやき練習でペラペラになる！

① **What's the matter with this cat?**
このネコどうしたのかな？

② **What's wrong with this washing machine?**
この洗濯機どこか悪いのかな？

③ **What is the best season to visit Australia?**
オーストラリアを訪れるのに一番良い季節はいつかな？

④ **What's in the box?**
箱の中に何が入っているのかな？

⑤ **What's on TV?**
テレビ、何をやっているのかな？

⑥ **What's today's dinner?**
今日の夕食は何かな？

⑦ **What shall I say?**
何て言ったらいいのかな？

⑧ **What is she doing in her room?**
彼女は部屋で何をしているのかな？

⑨ **What kind of music does she like?**
彼女はどんな音楽が好きかな？

⑩ **Which dress should I wear?**
どっちのドレスを着ようかな？

「誰か」を問いかけてつぶやく

45 Who is~?

～は誰かな?

> **Who is that woman?**
> あの女性は誰かなあ?

　人の身分や素性が分からないときのつぶやき表現です。対象が複数なら Who are those women?（あの女性たちは誰かな）のように be 動詞は are に変わります。疑問詞の who は主語として使うときは、「who ＋動詞」の語順で表します。疑問詞 who の所有格は whose（誰の）なので、「**これ は 誰 の 靴 か な**」 なら、**Whose shoes are these?** となります。

46 Who＋疑問文 ?

誰を～するのかな?

> **Who is he waiting for?**
> 彼は誰を待っているのかなあ?

　疑問詞 who は目的語として使うこともできます。本来は who の目的格の whom がありますが、現代英語ではwhom の代わりに who を使うのが一般的です。

つぶやき練習でペラペラになる！

① **Who is that tall man?**
あの背の高い男性は誰かな？

② **Who is the Prime Minister of the U.K.?**
イギリスの首相は誰だっけ？

③ **Who is the fastest runner in this class?**
このクラスで一番足の速い人は誰かな？

④ **Who is the most popular teacher in this school?**
この学校で一番人気のある先生は誰かな？

⑤ **Who was the winner of the marathon?**
マラソンで優勝したのは誰かな？

⑥ **Who broke this window?**
この窓を割ったのは誰かな？

⑦ **Whose digital camera is this?**
これ、誰のデジカメかな？

⑧ **Whose socks are these?**
これ、誰の靴下かな？

⑨ **Who did she meet yesterday?**
彼女、昨日誰と会ったのかな？

⑩ **Who is she thinking about?**
彼女、誰のことを考えているのかな？

「感嘆文」でつぶやく

47 What a 形容詞＋名詞！

何て～な!

What a cute kitten!
何てかわいい子猫!

　驚きや感動を表す便利な表現が感嘆文です。名詞が数えられないときや複数のときaはつきません。なお、状況から明らかな場合は主語と動詞が省略されます。

48 What a shame/pity SV~！

SがVなのは何て残念! /かわいそう!

What a shame she couldn't come to the party!
彼女がパーティーに来られなくて何て残念!

　It is a shame that SV ～で「～なのは残念です」という意味であり、これを感嘆文にして、残念なことを強調する表現が What a shame SV ～! です。相手が言ったことに対して、「それは残念だ」なら、That's a shame. です。

つぶやき練習でペラペラになる！

① **What a wonderful view of Mt. Fuji!**
何てすばらしい富士山の景色！

② **What a cute kitten!**
何てかわいい子猫！

③ **What a boring lecture!**
何て退屈な講義！

④ **What a thrilling roller coaster!**
何てスリリングなジェットコースター！

⑤ **What an interesting story!**
何て興味深い話！

⑥ **What an intelligent chimpanzee!**
何て知能の高いチンパンジー！

⑦ **What ugly puppies!**
何て不細工な子犬たち！

⑧ **What tender meat!**
何て柔らかい肉！

⑨ **What a shame I missed the show!**
その番組を見損なって何て残念！

⑩ **Wat a shame Japan lost the game!**
日本が試合に負けたのは何て残念！

実践編

シーン別につぶやこう！

基本編で身につけたパターンを使って、

シーン別に表現の幅を広げていきます。

単語を入れ替えれば、

自分だけのつぶやきができます！

OUTPUT!

「起きてから寝るまで」英語でペラペラ！

つぶやき学習は、24時間どこでも可能！
一日の中で、見たことや感じたことなどを
たくさん英語でアウトプットするほど、
学習スピードはアップします！

「起床時」につぶやく

I slept like a log.

ぐっすり寝たなあ

　「つぶやき」による英語練習は、朝、目が覚めたときからが始まりです。ベッドや布団から出る前に、「ぐっすり眠れたなあ」など、あれこれつぶやいてみましょう。

---

① **Wow, it's already morning! I slept like a log.**
　あ、もう朝！ぐっすり寝たなあ。　　　　　　　　　→ 17

---

② **It's time to get up.**
　もう起きる時間だ。　　　　　　　　　　　　　　→ 12

---

③ **What time is it? Oh, it's already past nine o'clock!**
　何時だろう？　あっ、もう9時を過ぎてる！　　　→ 37, 17

---

④ **Oh, I forgot to set the alarm.**
　あっ、目覚ましをかけるの忘れてた。　　　　　　→ 30

---

⑤ **Oh, it's so cold. I don't want to get out of bed.**
　おお、寒っ。ベッドから出たくないなあ。　　　　→ 17, 7

---

⑥ **I want to sleep ten more minutes.**
　あと10分寝ていたい。　　　　　　　　　　　　→ 7

---

⑦ **I'm not a morning person.**
　朝は苦手だなあ。　　　　　　　　　　　　　　　→ 3

⑧ **Oh, I've overslept!**
ああ、寝坊しちゃった！ → 15

⑨ **It seems the alarm didn't go off.**
目覚ましが鳴らなかったみたい。 → 23

⑩ **I'm still sleepy. I shouldn't have stayed up late.**
まだ、眠いよ。夜更かししなければよかった。　　　 → 3, 29

⑪ **I'm still half asleep. I slept only three hours.**
まだ寝ぼけてる。3時間して寝てない。　　　　　　　 → 3

⑫ **Was I snoring last night?**
夕べはいびきをかいていたかな？　　　　　　　　　 → 25

⑬ **I didn't sleep at all. I was bitten by mosquitoes many times.**
全然眠れなかった。蚊に何度も刺された。　　　　　 → 31

⑭ **I had a good sleep last night.**
夕べはぐっすり眠れた。　　　　　　　　　　　　　 → 33

⑮ **I had a strange dream last night.**
夕べは変な夢を見た。　　　　　　　　　　　　　　 → 33

⑯ **I couldn't get to sleep last night.**
夕べはなかなか寝付けなかった。　　　　　　　　　 → 19

⑰ **I fell back to sleep.**
二度寝しちゃった。

⑱ **I was awakened by an earthquake in the middle of the night.**
夜中に地震で起こされた。　　　　　　　　　　　　 → 31

「朝食時」につぶやく

I'm starving.

腹ぺこだ

　「食べる人」を中心としたつぶやき練習を紹介します。料理の見た目や味の感想をつぶやいてみましょう。I'm starving. の文字通りの意味は、「餓死しそうだ」ですが、I'm very hungry. の意味で会話では頻繁に使われます。

① **My stomach is growling. I'm starving.**
お腹が鳴っている。腹ぺこだ。 → 25

② **Oh, this soup smells so good.**
ああ、このスープいいにおいだ。

③ **This omelet looks delicious.**
このオムレツおいしそう。

④ **This bread is moist and delicious.**
このパン、しっとりしておいしい。 → 1

⑤ **I want my egg fried.**
卵は目玉焼きがいいなあ。 → 7

⑥ **I want my egg soft-boiled.**
卵は半熟がいいなあ。 → 7

⑦ **I don't feel like eating this morning.**
今朝は食べる気がしないなあ。 → 7

⑧ **I have no appetite. I might have eaten too much last night.**
食欲がないなあ。夕べは食べ過ぎたみたい。 → 34, 24

⑨ **I think I'll skip breakfast.**
朝食を抜くかな。 → 5

⑩ **I think I'll get something to eat on the way.**
途中で何か食べ物を買おうかな。 → 5

⑪ **Is breakfast ready?**
朝食できたかな？ → 3

⑫ **Coffee wakes me up.**
コーヒーを飲むと目が覚めるなあ。

⑬ **I'll cook scrambled eggs.**
いり卵作ろうっと。 → 5

⑭ **Is the butter in the fridge?**
バターは冷蔵庫にあったかな？ → 3

⑮ **It's a pain to cook breakfast.**
朝食作るの面倒だなあ。 → 10

⑯ **Are there any leftovers in the fridge?**
冷蔵庫に何か残り物あったかな？ → 13

⑰ **I'll just have coffee.**
コーヒーだけにしておこっと。 → 5

⑱ **I don't have time for breakfast.**
朝食を取る時間がない。 → 33

「朝の支度時」につぶやく

What should I wear today?

今日は何を着ようかな？

　　出勤（登校）前のせわしない朝のひととき。制服なら悩みませんが、その日に何を着て行くかは結構大事な問題です。そんなときの表現が上の例文です。「パーティーに何を着て行こうかな」なら、What should I wear to the party? です。

① **I have to brush my teeth in a hurry.**
急いで歯を磨かなくちゃ。　　　　　　　　　　　　→ 11

② **I'm running out of toothpaste.**
歯磨き粉がなくなってきた。　　　　　　　　　　　→ 25

③ **My hair is messy.**
髪がボサボサ。　　　　　　　　　　　　　　　　→ 3

④ **I think I'm going to take a quick shower.**
さっとシャワーを浴びようかな。　　　　　　　　　→ 6

⑤ **I have to put on my makeup in a hurry.**
急いで化粧しなくちゃ。　　　　　　　　　　　　→ 11

⑥ **My makeup doesn't feel right.**
化粧のりが悪いなあ。

⑦ **Am I wearing too much makeup?**
化粧、濃すぎるかな？　　　　　　　　　　　　　→ 25

⑧ **I don't have time for shaving.**
ひげをそっている時間がない。→ **33**

⑨ **Which perfume should I wear?**
どの香水をつけようかな？ → **44**

⑩ **One sock is missing.**
靴下が片方ない。 → **3, 25**

⑪ **This shirt is wrinkled.**
このシャツしわくちゃ。 → **1, 31**

⑫ **I have to change into my business suit.**
スーツに着替えなくっちゃ。 → **11**

⑬ **Which tie goes with this jacket?**
このジャケットに合うネクタイはどれかな？ → **44**

⑭ **What is today's weather forecast?**
今日の天気予報はどうかな？ → **43**

⑮ **What's the chance of rain?**
降水確率は何パーセントだろう？ → **43**

⑯ **I think I'd better take an umbrella with me.**
傘を持っていった方がいいかな。 → **11**

⑰ **Do I have everything?**
忘れ物はないかな？ → **33**

⑱ **It's time to go.**
もう出る時間だ。 → **12**

「通勤・通学時の家から駅まで」でつぶやく

I forgot my umbrella!

傘を忘れちゃった

　家から駅までの移動手段には、徒歩・自転車・バス・自動車などがありますが、移動途中でもたくさんのことをつぶやきましょう。家を出てしばらくして、「あっ、傘を忘れちゃった！」と言うなら、Oh, I forgot my umbrella! です。

① **I feel like I'm forgetting something.**
何か忘れているような気がする。　　　　　　　　→ 25, 30

② **Oh, I forgot my commuter pass!**
あっ、定期券忘れた！　　　　　　　　　　　　　→ 30

③ **Did I lock the door?**
ドアにカギをかけたかな？

④ **I have to go back to my home.**
家に戻らなくっちゃ。　　　　　　　　　　　　　→ 11

⑤ **It's a pain to commute in the rain.**
雨の中の通勤は面倒。　　　　　　　　　　　　　→ 10

⑥ **My commuter pass is expiring tomorrow.**
定期券（の有効期間）が明日で切れちゃう。　　　→ 26

⑦ **I have to renew my commuter pass.**
定期を更新しなくちゃ。　　　　　　　　　　　　→ 11

⑧ **I may be a little late.**
ちょっと遅れるかも。 → 24

⑨ **Is she on the same train this morning?**
今朝もあの子は同じ電車に乗っているかな？ → 3

⑩ **I'll buy a coffee at the vending machine over there.**
あそこの自販機でコーヒーを買おうっと。 → 5

⑪ **I'll walk to the station.**
駅まで歩こうっと。 → 5

⑫ **I'll take a bus to the station because it's raining.**
雨が降っているから駅までバスで行こうっと。 → 5, 17, 25

⑬ **Oh, there are many people waiting for the bus.**
ああ、バス停には人がいっぱい。 → 14

⑭ **The bus never comes on time.**
バスは絶対に時間通りに来ない。

⑮ **Here comes the bus at last.**
やっとバスが来た。

⑯ **Will I be in time for the 8:30 train?**
8時30分の電車に間に合うかな？ → 23

⑰ **I have to run up the stairs.**
階段を駆け上がらなくちゃ。 → 11

⑱ **I got stopped by an automatic ticket gate.**
自動改札で引っかかっちゃった。 → 31

「通勤・通学時の駅、電車内」でつぶやく

Oh, I missed my stop!

あっ、乗り過ごしちゃった

いつもの満員電車でせっかく運良く席に座れたのに、居眠りをして乗り過ごしてしまった！ そんなときに！

① **Phew, I made it.**
ふう、間に合った。

② **I missed my train.**
乗り遅れちゃった。

③ **I'll take the next local train.**
次の鈍行で行くか。　　　　　　　　　　　→ 5

④ **I'll wait for the next train.**
次の電車を待とうっと。　　　　　　　　　→ 5

⑤ **Uh-oh, the trains aren't running.**
おやおや、電車が止まっている。　　　　　→ 25

⑥ **It seems the trains are delayed.**
電車が遅れているみたい。　　　　　　　　→ 23

⑦ **It seems someone fell off the platform.**
人身事故があったみたい。　　　　　　　　→ 23

⑧ **Will I be able to get off at the next station?**
次の駅で降りられるかな？　　　　　　　　→ 23

⑨ **Ugh, it's so crowded!**
うわっ、めちゃ混んでる！ → 3, 31

⑩ **Why is it so crowded today?**
今日は何でそんなに混んでいるのかな？ → 31, 42

⑪ **There's no vacant seat.**
席が空いていない。 → 13

⑫ **I want to put my heavy bag up on the rack.**
棚に重いバッグを載せたい。 → 7

⑬ **It seems I took the wrong train.**
違う電車に乗っちゃったみたい。 → 23

⑭ **I think I'd better transfer to the local train at the next stop.**
次の駅で鈍行に乗り換えた方がいいかな。 → 11

⑮ **How many more stops are there until Osaka Station?**
大阪駅まであといくつ駅があるかな？ → 13, 36

⑯ **It seems everyone is looking at me. Am I on the women-only car?**
みんな僕のことを見ているような気がする。これって女性専用車両？ → 23, 25, 3

⑰ **The train is five minutes late.**
電車は5分遅れている。 → 3

⑱ **What time will I get to the office?**
会社には何時に着くかな？ → 37

Don't stretch your legs.

脚を投げ出すなよ

通勤（通学）電車の中は、まさに絶好のつぶやきの場！ マナーの悪い乗客に対しては、**27, 28** で学習した命令文や否定の命令文を使って、どんどんつぶやいてください。

① **I'm really tired of those packed trains.**
満員電車にはホントうんざり。　　　　　　　　→ 31

② **I really hate riding the trains during rush hour.**
ラッシュアワーに電車に乗るのはホント嫌。　　→ 9

③ **There's someone wearing too much perfume.**
誰か香水つけすぎ。　　　　　　　　　　　　→ 14

④ **Who is snoring on the train?**
電車でいびきをかいてるの誰？　　　　　　　→ 25, 45

⑤ **The man sitting next to me smells of tobacco.**
隣に座っているやつタバコ臭い。

⑥ **His breath smells of alcohol.**
あいつ酒臭い。

⑦ **I can't stand his body odor.**
あいつの体臭、耐えられない。　　　　　　　→ 19

⑧ **The air-conditioning in this car is too weak.**
この車両、冷房が全然効いてないよ。　　　　　　　　→ 3

⑨ **The air-conditioning in this car is working full blast.**
この車両、冷房が効き過ぎている。　　　　　　　　→ 25

⑩ **I got my bag caught in the door.**
カバンをドアに挟まれちゃった。　　　　　　　　→ 31

⑪ **Cover your mouth when you sneeze.**
くしゃみをするときは口をふさげよ。　　　　　　→ 27

⑫ **Keep your wet umbrella away from me.**
ぬれた傘をくっつけないでよ。　　　　　　　　　→ 27

⑬ **Someone stepped on my shoe.**
靴、踏まれたよ。

⑭ **Why are they talking in such loud voices?**
何であんな大声で喋ってるのかな？　　　　　　→ 25, 41

⑮ **It's dangerous to rush onto the train.**
駆け込み乗車は危ないよ。　　　　　　　　　　→ 10

⑯ **Don't sit with your legs crossed.**
脚を組むなよ。　　　　　　　　　　　　　　　→ 28

⑰ **Don't leave your big bag on the floor.**
大きなカバンを床に置くな。　　　　　　　　　→ 28

⑱ **Don't keep your newspaper up so wide.**
新聞をそんなに広げるなよ。　　　　　　　　　→ 28

「車の渋滞、故障」でつぶやく

I got stuck in traffic.

渋滞にはまっちゃった

　大都市では交通渋滞は日常茶飯事。渋滞のほか、故障やトラブルにまつわるつぶやき表現を紹介します。

① **It's raining. I think I'll drive to the office.**
　　雨が降っている。車で会社に行くか。　　　　　→ 7, 25, 5

② **The engine won't start.**
　　エンジンがかからない。.

③ **The engine is making strange noises.**
　　エンジンの音がおかしい。　　　　　　　　　　　→ 25

④ **Something's wrong with this car.**
　　車の調子が悪い。　　　　　　　　　　　　　　→ 3

⑤ **I'm running out of gas.**
　　ガソリンがなくなってきた。　　　　　　　　　→ 25

⑥ **I have to get some gas on the way.**
　　途中でガソリンを入れなくちゃ。　　　　　　　→ 11

⑦ **It's about time to change the oil.**
　　そろそろオイル交換の時期だ。　　　　　　　　→ 12

⑧ **Is there a gas station near here?**
　　近くにガソリンスタンドないかな？　　　　　　→ 13

⑨ **There's a self-service gas station over there.**
むこうにセルフのスタンドがある。 → 13

⑩ **One hundred twenty yen per liter is quite reasonable.**
リッター120円はまあまあ安いなあ。 → 3

⑪ **Gas prices have soared.**
ガソリンの値段が高騰した。 → 15

⑫ **The traffic is always heavy on this road.**
この道はいつも渋滞だなあ。 → 3

⑬ **There's more traffic than I expected.**
予想以上に道が混んでいる。 → 13

⑭ **It took me twice as long as usual because of the traffic jam.**
交通渋滞のためにいつもの倍の時間がかかった。

⑮ **There's a 30-kilometer tailback from Yokohama to Haneda.**
横浜―羽田間で30キロの渋滞。 → 13

⑯ **It seems there was an accident.**
事故があったみたい。 → 13, 23

⑰ **I must take a detour.**
迂回しなくちゃ。 → 11

⑱ **Where can I hang a U?**
どこでUターンできるかな？ → 20, 40

「車の運転マナー」でつぶやく

Don't run a red light.

信号無視するなよ

　　自動車は非常に便利で快適な移動手段
ですが、マナーの悪い車に出くわすこともよくあることで
す。そんなマナー違反の運転手に対してつぶやく表現です。

① **Oh, I forgot my driver's license.**
あっ、免許証忘れた。 → 30

② **I forgot to turn off the headlights.**
ヘッドライト消し忘れた。 → 30

③ **Oh, I got a flat tire!**
あっ、パンクだ！

④ **It's a one-way street.**
一方通行だ。 → 3

⑤ **I had a car crash.**
車ぶつけちゃった。 → 33

⑥ **Is it OK to park here?**
ここに車を停めても大丈夫かな？ → 19

⑦ **Is there a parking lot around here?**
この辺に駐車場はあるかな？ → 13

⑧ **I have a hard time finding a parking space in big cities.**
都会で駐車場を探すのは容易じゃない。 → 10

⑨ **It seems I got lost.**
道に迷ったみたい。 → 23, 31

⑩ **I should have turned left back there.**
あそこで左に曲がるんだった。 → 29

⑪ **Am I going the wrong way?**
この道、違うかな？ → 25

⑫ **I think I'd better get on the expressway.**
高速に乗った方がいいかな。 → 11

⑬ **The car ahead of me is crawling.**
前の車、のろのろ運転だなあ。 → 25

⑭ **Keep your eyes on the road.**
脇見するなよ。 → 27

⑮ **Don't throw the trash away out of the window.**
窓からゴミを捨てるなよ。 → 28

⑯ **Don't change lanes so many times.**
何度も車線変更するなよ。 → 28

⑰ **Don't slam on the brakes.**
急ブレーキをかけるなよ。 → 28

⑱ **Don't stick your head out of the window.**
窓から顔を出すなよ。 → 28

「会社の予定」をつぶやく

I have to check my e-mail.

メールをチェックしなきゃ

　これからしなくてはいけないことや予定をつぶやくときに便利なのが、1 I have to do ～ . 2 I'm going to do ～ . 3 I'll do ～ . などです。2は前から決めていたことを言うときに、3はその場で決めたことを言うときに使います。

① **First of all, I'm going to check today's schedule.**
まずは、今日の予定をチェックしよう。　　　　　　　→ 6

② **I have to change into my uniform.**
制服に着替えないと。　　　　　　　　　　　　　　→ 11

③ **We have a morning assembly every Monday.**
毎週の月曜日に朝会がある。　　　　　　　　　　　→ 33

④ **We have a staff meeting this Friday.**
今週の金曜日に部会がある。　　　　　　　　　　　→ 33

⑤ **When is the next staff meeting?**
次の部会はいつかな？　　　　　　　　　　　　　　→ 37

⑥ **I'm available any day except Friday.**
金曜日以外ならいつでも空いてる。　　　　　　　　→ 3

⑦ **Today's meeting was canceled.**
今日の会議は中止になった。　　　　　　　　　　　→ 31

⑧ **I'll be on a business trip to Hokkaido this Thursday.**
今週の木曜日は北海道に出張。→ 5, 23

⑨ **The planning meeting was postponed until tomorrow.**
企画会議は明日に延期。　　　　　　　→ 31

⑩ **I'll be in a meeting all morning.**
午前中はずっと会議。　　　　　　→ 5, 23

⑪ **I'll be in a meeting until 5.**
5時まで会議。　　　　　　　→ 5, 23

⑫ **I have to prepare for today's presentation.**
今日のプレゼンの準備をしなくちゃ。　→ 11

⑬ **I have an appointment with Mr. Yamada at 3.**
3時に山田さんと約束がある。　　　→ 33

⑭ **I'm going straight home from the meeting.**
打ち合わせに行ってから直帰するんだ。　→ 26

⑮ **I'll take a day off tomorrow.**
明日は休暇を取ろう。　　　　　　→ 5

⑯ **I'm entertaining clients tonight.**
今夜は接待。　　　　　　　　→ 25

⑰ **I'm going for a drink with my co-workers tonight.**
今夜は同僚と飲みに行くんだ。　　→ 26

「会社の雑用」でつぶやく

I hate doing the chores.

雑用するのは大嫌い

　電話番、郵便物の仕分け、請求書の
整理、企画書の作成などなど、長い時
間机やパソコンに向かってする仕事や
雑用は疲れるものですね。そんなときのつぶやき表現です。

① **The phone's ringing. I have to get it.**
電話が鳴ってる。出なくちゃ。　　　　　　　　　→ 25, 11

② **A big part of my job is answering the phone.**
私の主な仕事は電話番。　　　　　　　　　　　→ 3

③ **It's a pain to sort the mail.**
郵便物の仕分けは面倒くさい。　　　　　　　　→ 10

④ **Sitting at my desk all day long makes me tired.**
一日中机に向かっていると疲れる。

⑤ **I have to serve tea to the client.**
お客さんにお茶を出さなくちゃ。　　　　　　　→ 11

⑥ **I have to staple these invoices together.**
請求書をホチキスでまとめなくちゃ。　　　　　→ 11

⑦ **This stapler is empty.**
このホチキス、針が入ってない。　　　　　　　→ 1

⑧ **I have to send a fax by noon.**
正午までにファックスを送らなくちゃ。
→ 11

⑨ **The fax machine isn't working well.**
ファックスの調子が悪いなあ。
→ 25

⑩ **I have to look over the project proposal by one o'clock.**
１時までに企画書に目を通さなくちゃ。
→ 11

⑪ **I have to type up the proposal for the planning meeting on Word.**
企画会議で使う企画書をワードで作らなくちゃ。
→ 11

⑫ **How many copies should I make?**
何部コピーすればいいのかな？
→ 36

⑬ **The copier paper got jammed again.**
またコピー用紙が詰まっちゃった。
→ 31

⑭ **The copier is running out of paper.**
コピーが用紙切れ。
→ 25

⑮ **Who left the copier on reduce?**
コピーを縮小のままにしたの誰？
→ 45

⑯ **I'll print out the attached file.**
添付ファイルを印刷しよっと。
→ 5

⑰ **Where's the white-out?**
修正液はどこだっけ？
→ 39

⑱ **Who is in charge of ordering supplies?**
備品注文の担当は誰だっけ？
→ 45

「会社の会議」でつぶやく

What is today's agenda?

今日の議題は何かな

朝会、定例会議、臨時会議、
企画会議などでつぶやいてみましょう。

① **It's time to start the meeting.**
会議の時間だ。 → 12

② **Where will the meeting be held today?**
今日の会議の場所はどこかな？ → 31, 40

③ **Is he for or against the proposal?**
彼は提案に賛成なの反対なの？ → 3

④ **There are many items on the agenda for today's meeting.**
今日の会議には議題がたくさんあるなあ。 → 13

⑤ **It seems everyone is here.**
みんなそろっているみたい。 → 23

⑥ **Today's topic is to discuss the budget for next year.**
今日の話題は来年度の予算についてだな。 → 3

⑦ **Let's go on to the next subject.**
次の問題に移ろうよ。 → 27

⑧ **Are there any questions?**
質問はないのかな？→ 13

⑨ **It seems we're getting off the point.**
本題からそれているみたい。→ 23, 25

⑩ **I agree with her opinion to a great extent.**
彼女の意見には大いに賛成だ。

⑪ **I understand what he means, but I can't agree with him.**
彼の言いたいことは分かるけど賛成できないな。　　　→ 19

⑫ **The next meeting is set up for Friday next week.**
次回の会議は来週の金曜日。　　　→ 31

⑬ **Does anyone have any comments on this issue?**
この点に関して誰か意見はないのかな？　　　→ 33

⑭ **It's about time to close the meeting.**
そろそろお開きの時間だ。　　　→ 12

⑮ **How long is this meeting going to last?**
この会議、どれくらい続くのかな？　　　→ 36

⑯ **Today's meeting is going to run long.**
今日の会議は長引きそう。　　　→ 23

⑰ **I really want this plan to go through.**
この企画はぜひ、通したいな。　　　→ 7

⑱ **Today's meeting was so long.**
今日の会議は長かったなあ。　　　→ 4

「会社の給料・待遇・転職」をつぶやく

I wish I could get a better job.

もっといい仕事があればなあ

　毎日、身を粉にして働いても一向
に上がらない給料……。そんな状況でつぶやく表現です。

① **I can hardly wait for payday.**
給料日早く来ないかな。　　　　　　　　　　→ 19

② **It's payday at last.**
やっと給料日だ。　　　　　　　　　　　　　→ 17

③ **I have to tighten my purse strings until payday.**
給料日まで財布のひもを締めないと。　　　　→ 11

④ **We can't get married on my salary alone.**
僕の給料だけじゃ結婚もできない。　　　　　→ 19

⑤ **I can't afford a new car on my small salary.**
安月給じゃ、新車を買う余裕はないな。　　　→ 19

⑥ **I got a raise.**
昇給した。

⑦ **I got promoted.**
昇進した。　　　　　　　　　　　　　　　　→ 31

⑧ **I got fired.**
首になっちゃった。　　　　　　　　　　　　→ 31

⑨ **My summer bonus was larger than I expected.**
夏のボーナスは思ったより多かった。→ 4

⑩ **My winter bonus was much smaller than last year's.**
冬のボーナスは去年よりずっと少なかった。　　　　　→ 4

⑪ **It's better than nothing, though.**
でも、無いよりましか。　　　　　　　　　　　　　→ 3

⑫ **I think I'm going to change jobs.**
転職しようかな。　　　　　　　　　　　　　　　　→ 6

⑬ **I want something more challenging.**
もっとやり甲斐のある仕事がいい。

⑭ **I want a well-paying job.**
給料のいい仕事に就きたい。　　　　　　　　　　　→ 7

⑮ **My salary was cut drastically.**
給料が大幅にカットされた。　　　　　　　　　　　→ 31

⑯ **I work overtime without pay.**
残業手当はない。

⑰ **I may get a raise next month.**
来月、昇給するかも。　　　　　　　　　　　　　　→ 24

⑱ **I have to work overtime today.**
今日は残業しなくちゃ。　　　　　　　　　　　　　→ 11

「学校の授業中」につぶやく

We're still in third period.

まだ3時間目か

　面白い授業内容であれば、時間の経つもの忘れてしまいますが、退屈でつまらない授業は長く感じるもの。授業中なので、声に出してつぶやくことはできませんが、心の中で先生のことや生徒のことなどをつぶやいてみましょう。

① **It's Monday again.**
また、月曜日か。　　　　　　　　　　　　　　　　→ 17

② **It's Friday at last.**
やっと金曜日だ。　　　　　　　　　　　　　　　　→ 17

③ **I forgot to do my homework.**
宿題忘れた。　　　　　　　　　　　　　　　　　　→ 30

④ **We have math in first period.**
一時間目は数学だ。　　　　　　　　　　　　　　　→ 33

⑤ **We have two English classes today.**
今日は英語の授業が２時間。　　　　　　　　　　　→ 33

⑥ **His class is always interesting.**
彼の授業はいつも面白い。　　　　　　　　　　　　→ 3

⑦ **Her explanations are always easy to understand.**
彼女の説明はいつもわかりやすい。　　　　　　　　→ 3

⑧ **Nobody is listening to Mr. Tanazawa.**
誰も棚沢先生のことを聞いてない。 → 25

⑨ **Mr. Shimada is always favoring girls.**
島田先生は女子ばかりひいきしている。 → 25

⑩ **Mr. Suzuki is always telling jokes in class.**
鈴木先生は授業中に、いつも冗談ばかり言っている。 → 25

⑪ **The way he talks always makes me sleepy.**
あの先生の話を聞いているといつも眠くなる。

⑫ **We still have thirty minutes left of this class.**
この授業あと 30 分もあるよ。 → 33

⑬ **We're in sixth period at last.**
やっと 6 時間目だ。 → 3

⑭ **What's next period?**
次の授業は何だっけ？ → 43

⑮ **We have to change for PE.**
体育の授業だから着替えなくっちゃ。 → 11

⑯ **There's no time to go to the restroom.**
トイレに行く時間がない。 → 13

⑰ **I have to clean the blackboard.**
黒板、消さなくっちゃ。 → 11

⑱ **I'm starving. I can hardly wait for lunchtime.**
おなかぺこぺこ。早くお昼にならないかな。 → 19, 25

「学校の試験・成績」でつぶやく

I'm afraid I'll fail it.

落ちちゃうかな

試験や成績は学生にとっては最大の関心事の1つ。試験に合格したと確信を持っているなら、I'm sure I'll pass it.「きっと受かるはず」と言えばいいし、試験に落ちたと不安に思うなら、上の英文のように言えばいいでしょう。

① **I have to study for the exam.**
試験勉強しなくちゃ。 → 11

② **I think I'll go to the library and study.**
図書館に行って勉強しようかな。 → 5

③ **I crammed overnight for today's exam.**
今日の試験は一夜漬けなの。

④ **I didn't study for the exam at all.**
試験勉強は全然しなかった。

⑤ **His paper is almost blank.**
彼の答案用紙ほとんど白紙だ。 → 3

⑥ **We had a pop test today in math.**
今日は数学の抜き打ちテストがあった。 → 33

⑦ **Did I pass the Japanese test?**
国語のテスト、合格したかな？

⑧ **I'm sure I got a perfect score in English.**
英語はきっと満点取れてるな。 → 22

⑨ **I did it! I got a perfect score in Japanese.**
やったぁ！国語で満点を取ったよ。

⑩ **Oh, I got a failing grade in English.**
ああ、英語で赤点取っちゃった。

⑪ **Who got the best score?**
最高点は誰かな？　　　　　　　　　　　　　　　→ 45

⑫ **Who got the worst score? Is it me?**
最低点は誰かな？僕かな？　　　　　　　　　　→ 3, 45

⑬ **My grades have been improving lately.**
最近、成績が上がってきている。　　　　　　　　→ 25

⑭ **My grades have been dropping.**
成績が下がってきてる。　　　　　　　　　　　　→ 25

⑮ **I'm looking forward to my report card.**
通知表が楽しみ。　　　　　　　　　　　　　　　→ 25

⑯ **I don't want to see my report card.**
通知表、見たくないなあ。　　　　　　　　　　　→ 7

⑰ **I'm afraid to see the result of the exam.**
試験の結果を見るのが怖い。

⑱ **My exams are over at last.**
やっと試験が終わった。　　　　　　　　　　　　→ 3

「学校の行事」でつぶやく

We have a school excursion on May 10.

5月10日は遠足だ

遠足（school excursion）、体育祭（athletic meet）、文化祭（cultural festival）、卒業式（graduation ceremony）などの行事は、これから行われる場合でも will は使わず、We have ~ . という現在形で表します。

① **The new semester starts on April 8.**
新学期は4月8日から。

② **Who will be my homeroom teacher?**
担任の先生は誰かな？　　　　　　　　　　　　→ 45

③ **We had a school assembly in first period.**
今日は1時間目に全校集会があった。　　　　　→ 33

④ **Tomorrow is parent's day.**
明日は授業参観日。　　　　　　　　　　　　　→ 3

⑤ **My daughter was chosen for the relay race.**
娘がリレーの選手に選ばれた。　　　　　　　　→ 31

⑥ **I won first place in the speech contest.**
スピーチコンテストで優勝した。

⑦ **We had an enjoyable school festival this year.**
今年の文化祭は楽しかった。　　　　　　　　　→ 33

⑧ **What a shame our school foundation day falls on Sunday this year!**
残念、今年の開校記念日は日曜日か！ → 48

⑨ **The opening ceremony of my son's school was held yesterday.**
息子の学校の入学式は昨日だった。 → 31

⑩ **Today's field day was postponed because of the rain.**
今日の運動会は雨天のため延期になった。 → 31

⑪ **When are the student council elections?**
生徒会の役員選挙はいつかな？ → 37

⑫ **There's a PTA general meeting on the second Saturday of May.**
5月の第2土曜日はＰＴＡ総会。 → 13

⑬ **We have school every other Saturday.**
隔週土曜日に授業がある。 → 33

⑭ **There's no school tomorrow.**
明日は学校休みだ。 → 13

⑮ **We'll go to Nikko on a school excursion.**
遠足で日光に行くんだ。 → 23

⑯ **I'm looking forward to the school trip.**
修学旅行が楽しみ。 → 25

⑰ **We had a fire drill today.**
今日は避難訓練があった。 → 33

「学校の放課後」につぶやく

I'm on the baseball team.

野球チームに入ってる

　放課後の過ごし方は、部活、塾、アルバイトなど人それぞれでしょう。学校外のチームに所属している場合は、on the volleyball team のように言い、学校内のクラブに所属していることを表す in the volleyball club と区別します。

① **I'm on the volleyball team.**
バレーボール部のチームに入ってる。 → 3

② **She is in the English club.**
彼女は英語部に入っている。 → 3

③ **I left the brass band club.**
吹奏楽部をやめちゃった。

④ **I think I'm going to join the tennis team.**
テニスのチームに入ろうかな。 → 6

⑤ **I was third in the regional championship.**
地区大会で3位だったの。 → 4

⑥ **I won the prefectural tournament.**
県大会で優勝したの。

⑦ **I'm a regular player in the baseball team.**
野球部のレギュラーです。 → 3

⑧ **How many members are there on the basketball team?**
バスケットボールチームの部員は何人かな？ → 13, 36

⑨ **I have to go to cram school after school.**
放課後、塾に行かなくちゃ。　　　　　　　　→ 11

⑩ **I have to work part-time at six.**
6時からアルバイト。　　　　　　　　　　　→ 11

⑪ **I work at a convenience store five days a week.**
週5回、コンビニでアルバイト。

⑫ **I get 1,000 yen an hour.**
時給は1,000円。

⑬ **I have to earn my own tuition.**
学費を稼がなくちゃいけないの。　　　　　　→ 11

⑭ **We're getting together at Sayaka's house tonight.**
今晩サヤカの家でみんなで遊ぶ。　　　　　　→ 26

⑮ **I'm dating with Seiko tomorrow.**
明日セイコとデートだ。　　　　　　　　　　→ 26

⑯ **I'm going to the movies with John this weekend.**
今週末にジョンと映画に行くの。　　　　　　→ 26

⑰ **I'm going straight home and playing video games today.**
今日は直帰してテレビゲームをする。　　　　→ 26

⑱ **I have nothing to do tonight.**
今晩は何もすることがない。　　　　　　　　→ 33

「昼食時」につぶやく

What shall I eat for lunch?

昼は何にしようかな

　お昼に何を食べるか、どこで食べるかを考えるのは楽しいものです。あなたは、社員食堂（cafeteria）派、外食（eat out）派、手作り弁当（cook lunch）派、それともコンビニ（convenience store）派？

① **Is that the time?**
もうこんな時間？　　　　　　　　　　　　　　　→ 2

② **I'm not hungry yet.**
まだ、お腹減ってないなあ。　　　　　　　　　　→ 3

③ **I want to eat spaghetti for lunch.**
昼食にスパゲッティーが食べたいなあ。　　　　　→ 7

④ **Where shall I have lunch today?**
今日はどこで食べようかな？　　　　　　　　　　→ 40

⑤ **It's about time for lunch.**
そろそろお昼ご飯の時間だ。　　　　　　　　　　→ 12

⑥ **Ah, I forgot to bring my lunch.**
あっ、お弁当持ってくるの忘れた。　　　　　　　→ 30

⑦ **What shall I eat today?**
今日は何を食べようかな？　　　　　　　　　　　→ 44

⑧ **I think I'll eat out for a change.**
たまには外食しようかな。 → 5

⑨ **This restaurant is always crowded.**
この店はいつも混んでる。 → 3, 31

⑩ **Many people are already standing in line.**
もうたくさん並んでる。 → 25

⑪ **I'll get something to eat at a convenience store.**
コンビニで何か食べるもの買ってこようっと。 → 5

⑫ **I'm in the mood for Chinese food today.**
今日は中華料理が食べたい気分。 → 7

⑬ **I'm not in the mood for Italian food today.**
今日はイタリアンっていう気分じゃないなあ。 → 7

⑭ **What is today's menu?**
今日の定食は何かな？ → 43

⑮ **What is today's lunch special?**
今日のスペシャルランチは何かな？ → 43

⑯ **I think I'll have a light lunch at the cafeteria.**
社員食堂で軽く食べようかな。 → 5, 33

⑰ **I think I'll have sushi for the first time in a month.**
1カ月ぶりにお昼にすしを食べようかな。 → 5, 33

⑱ **I'll just have salad today.**
今日はサラダだけにしておこうっと。 → 5, 33

「帰宅時」につぶやく

I had a great day today.

今日はいい日だった

　長い一日を終え、無事に帰宅。風呂上がりなどのリラックスした状態で、その日を振り返ってつぶやきましょう。「風呂上がりの冷たいビールは最高」なら、There's nothing like a cold beer after taking a bath. と言えばOK です。

① **What an eventful day!**
今日はいろんなことがあったなあ！　　　　　　　　　→ 47

② **I was exhausted from working overtime!**
残業で疲れた！　　　　　　　　　　　　　　　　　→ 31

③ **Everything went so smoothly today.**
今日は全てが順調に進んだ。

④ **I had a hectic day at the office.**
今日は会社で一日てんてこ舞いだった。　　　　　　→ 33

⑤ **It wasn't my day.**
今日はついてなかった。　　　　　　　　　　　　　→ 17

⑥ **My shirt is wet from sweating.**
シャツが汗でびっしょり。　　　　　　　　　　　　→ 3

⑦ **It's past my curfew.**
門限過ぎちゃった。　　　　　　　　　　　　　　　→ 17

⑧ **Is the bath ready?**
お風呂わいているかな？ → 3

⑨ **I think I'll take a bath first.**
まず、風呂に入るか。 → 5

⑩ **The water is too hot!**
お湯熱っ！ → 3

⑪ **I wish I had a sauna at home.**
家にサウナがあったらなあ。 → 8

⑫ **I think I'm going to buy a massage chair.**
マッサージチェアを買おうかな。 → 6

⑬ **Where's today's evening paper?**
夕刊はどこかな？ → 39

⑭ **I think I'll change into my pajamas.**
パジャマに着替えるか。 → 5

⑮ **I think I'll look through the evening paper.**
夕刊に目を通すか。 → 5

⑯ **It's so nice to relax at home.**
家はくつろげるなあ。 → 10

⑰ **I wish I had a massage chair at home.**
家にマッサージチェアがあったらなあ。 → 8

⑱ **There's no place like home.**
家が一番いいなあ。 → 13

「夕食時」につぶやく

It was delicious.

おいしかった

　毎日の夕食のメニューをあれこれと考え
ながら準備するのは面倒なこと。もしあな
たが用意された夕食を食べるだけなら、食後に上の英文の
ようにつぶやくのが、家族円満の秘訣でしょう。

① **What's for today's dinner?**
　今日の夕飯は何かなあ？
→ 43

② **It's time to prepare dinner.**
　もう夕食の準備の時間だ。
→ 12

③ **I have to go shopping.**
　買い物に行かなくちゃ。
→ 11

④ **What shall I cook for dinner tonight?**
　今晩は何にしようかな？
→ 44

⑤ **It's a pain to decide what to cook every day.**
　毎日、メニューを決めるの面倒くさい。
→ 10

⑥ **Ah, I forgot to buy mayonnaise.**
　あっ、マヨネーズ買うの忘れちゃった。
→ 30

⑦ **I've run short of soy sauce.**
　醤油が足りなくなっちゃった。
→ 15

⑧ **Wow, we're having curry and rice tonight.**
わあ、今夜はカレーライスだ。 → 26

⑨ **Is there more?**
おかわりあるかなあ？ → 13

⑩ **The broth is flavorful.**
だしがよく出ている。 → 3

⑪ **I've never tried anything like this.**
こんなおいしいもの食べたことがない。 → 16

⑫ **This meat is so tender.**
この肉とてもやわらかい。 → 1

⑬ **The noodles are cooked perfectly.**
麺のゆで加減は完璧。 → 31

⑭ **This is so tasty.**
これ超おいしい。 → 1

⑮ **I have room for dessert.**
デザートは別腹。 → 33

⑯ **I'm already full. I can't eat anymore.**
もうおなかいっぱい。これ以上食べられない。 → 3, 19

⑰ **I want to eat this again tomorrow.**
これ明日も食べたい。 → 7

⑱ **I'll do the dishes.**
お皿洗うか。 → 5

「就寝時」につぶやく

I have to write in my diary.

日記つけなきゃ

寝る前にしなければならないことはたくさんあります。
I have to do ～ .「～しなくちゃ」などの表現を使って、
あれこれつぶやいてみましょう。一日一日の日記を書くの
は write in a diary. と言い、定期的に日記をつけるのは
keep a diary と言います。

① **It's time to go to bed.**
もう寝る時間だ。→ 12

② **I'll go to bed.**
そろそろ寝るか。→ 5

③ **I'm still wide awake.**
まだ目がさえてる。　　　　　　　　　　　　　　　→ 3

④ **I can't keep my eyes open.**
目を開けていられない。　　　　　　　　　　　　　→ 19

⑤ **I've been yawning a lot.**
さっきからあくびばっかり。　　　　　　　　　　　→ 25

⑥ **I'm not sleepy yet.**
まだ眠くない。　　　　　　　　　　　　　　　　　→ 3

⑦ **I'll go to bed early tonight.**
今夜は早く寝ようっと。　　　　　　　　　　　　　→ 5

⑧ **I haven't been getting enough sleep lately.**
最近、睡眠が十分取れてない。 → 25

⑨ **I should be able to fall right asleep.**
すぐに眠れそう。

⑩ **I have to work out before going to bed.**
寝る前に運動しなくちゃ。 → 11

⑪ **I'll write in my diary in English tonight.**
今夜は英語で日記を書いてみようっと。 → 5

⑫ **I'll check tomorrow's schedule.**
明日のスケジュールをチェックしておこうっと。 → 5

⑬ **I'll keep the air-conditioner on all night.**
クーラーをつけっぱなしにしておこうっと。 → 5

⑭ **I have to set the alarm for six.**
目覚ましを6時にセットしなくては。 → 11

⑮ **I can sleep in tomorrow.**
明日はゆっくり寝ていられる。 → 19

⑯ **It seems I need one more blanket.**
毛布、もう一枚必要かな。 → 23, 29

⑰ **I'll set the timer on the air-conditioner.**
クーラー、タイマーにしておこうっと。 → 5

⑱ **I have trouble getting to sleep these days.**
最近、寝つきが悪いなあ。 → 10

「試験会場」でつぶやく

さまざまな試験の開始を待っている間につぶやける表現を集めました。右ページの回答を隠して、フレーズのヒントなしでつぶやいてみましょう。

① だんだん緊張してきた。

② 心臓の鼓動が聞こえる。落ち着かなくちゃ。

③ 深呼吸をした方がいいかな。

④ 試験開始まで 20 分あるから、トイレに行って来よう。

⑤ どんな質問をされるかな？

⑥ 夕べもっと勉強しておけばよかった。

⑦ 試験に落ちたらどうしよう？

⑧ 一生懸命勉強したから試験に受かる自信はある。

⑨ 試験が簡単だといいんだけど。

⑩ ケアレスミスをしないように注意しなくちゃ。

① I'm getting more and more nervous.

② I can hear my heart beating. I have to calm myself down.

③ I think I'd better take a deep breath.

④ Since there are twenty minutes to go before the exam, I'll go to the restroom.

⑤ What kind of questions are they going to ask me?

⑥ I should have studied more last night.

⑦ What should I do if I fall the exam?

⑧ Since I studied hard, I'm sure I'll be able to pass the exam.

⑨ I hope the exam will be easy.

⑩ I have to be careful not to make careless mistakes.

実践編

シーン別につぶやこう！

OUTPUT!

「日常生活」を英語でペラペラ！

日ごろよく行く場所や、
日常の1コマで使える表現を紹介。

「掃除・洗濯」をつぶやく

① **It's so messy. I can't even vacuum.**
散らかってるなあ。掃除機もかけられない。 → 3, 19

② **What is this mess?**
何、この散らかりよう？ → 43

③ **This room is a pigsty.**
この部屋、豚小屋みたい。 → 1

④ **It's rainy today, so I have to hang the laundry inside the house.**
今日は雨だから部屋に洗濯物干さなくちゃ。 → 11, 17

⑤ **I hate cleaning the toilet bowl.**
便器の掃除って大嫌い。 → 9

⑥ **Today is a good day to do the laundry.**
今日は洗濯日和。 → 3

⑦ **I have to bring in the laundry.**
洗濯物取り込まなくちゃ。 → 11

⑧ **Oh, no! My shirt shrank.**
あら、いやだ！シャツが縮んじゃった。

⑨ **I should have hand-washed this shirt.**
このシャツ手洗いにしなくちゃいけなかったんだ。 → 29

⑩ **Is it OK to wash these pants myself?**
このズボン、家で洗って大丈夫かな？ → 19

⑪ **The wash isn't dry yet.**
洗濯物、まだ乾いてない。 → 3

⑫ **This stain won't come out.**
このシミ、取れない。

⑬ **Today is a non-burnable garbage day.**
今日は不燃物のゴミの日。 → 3

⑭ **I forgot to take out the garbage.**
ゴミを出すの忘れちゃった。 → 30

⑮ **This vacuum cleaner doesn't work.**
この掃除機、動かない。

⑯ **It's a pain to clean the bathroom.**
お風呂の掃除って面倒。 → 10

⑰ **It's time to remove water stains.**
そろそろ（お風呂の）水あかを落とさなくちゃ。 → 12

⑱ **I have to wax the floor of the living room.**
リビングの床にワックスをかけなくちゃ。 → 11

⑲ **This washing machine is making strange noises.**
この洗濯機、変な音を立ててる。 → 25

⑳ **I think it's time to buy a new washing machine.**
そろそろ新しい洗濯機を買うころかな。 → 12

「スーパーマーケット」でつぶやく

① **What is the store's opening time?**
開店時間は何時かな？ → 43

② **Which store is cheaper for groceries?**
日用品はどっちの店が安いかな？ → 44

③ **The shop is having a vegetables sale.**
その店は野菜の特売をやっている。 → 25, 33

④ **I'll do the shopping ten minutes before the shop closes.**
閉店までの 10 分間に買い物しようっと。 → 5

⑤ **What's on sale today?**
今日の特売は何かな？ → 43

⑥ **Is there anything on sale today?**
今日は何か特売品はあるかな？ → 13

⑦ **Chicken is on sale today.**
今日は鶏肉が安売りだ。 → 3

⑧ **Where are the shopping carts?**
ショッピングカートはどこかな？ → 39

⑨ **Vegetable prices are going up these days.**
最近、野菜の値段が上がってるなあ。 → 25

⑩ **There's already no bread on the shelf.**
もう棚にはパンが全然ない。 → 13

⑪ **The store in front of the station is having 20% off sales.**
駅前の店では 20%引きのセールをやっている。 → 25, 33

⑫ **There's not a single bottle of water on the shelf.**
棚には水が 1 本もない。 → 13

⑬ **Where can I get cheese?**
チーズ売り場はどこかな？ → 20, 40

⑭ **When is the expiration date?**
消費期限はいつかな？ → 37

⑮ **Do we have any pepper left?**
まだ家にコショウはあったかな？ → 33

⑯ **Do I need anything else?**
他に必要なものはなかったかな？ → 29

⑰ **Where's the cashier?**
レジはどこかな？ → 39

⑱ **Oh, I forgot my shopping bag.**
あっ、買い物袋忘れちゃった。 → 30

⑲ **I have to buy a plastic bag for five yen.**
レジ袋を 5 円で買わなくては。 → 11

⑳ **Oh, I forgot to buy cheese!**
あっ、チーズ買うの忘れた！ → 30

「銀行」でつぶやく

① **I have to withdraw some money.**
お金を下ろさなくちゃ。　　　　　　　　→ 11

② **Is there a bank on this street?**
この通りに銀行はあるかな？　　　　　　→ 13

③ **Is there a bank near the station?**
駅の近くに銀行はあるかな？　　　　　　→ 13

④ **Are there any ATMs near here?**
この近くに ATM はあるかな？　　　　　　→ 13

⑤ **Where's the nearest bank?**
最寄りの銀行はどこかな？　　　　　　　→ 39

⑥ **There's a long line in front of the ATMs.**
ATM の前に長い行列。　　　　　　　　　→ 13

⑦ **How much is in my account?**
口座にはいくらあるかな？　　　　　　　→ 36

⑧ **I'll check my bank account balance.**
残高照会をしようっと。　　　　　　　　→ 5

⑨ **I forgot my PIN.**
暗唱番号を忘れちゃった。　　　　　　　→ 30

⑩ **It's hard for me to save money.**
なかなかお金が貯まらないなあ。　　　　→ 10

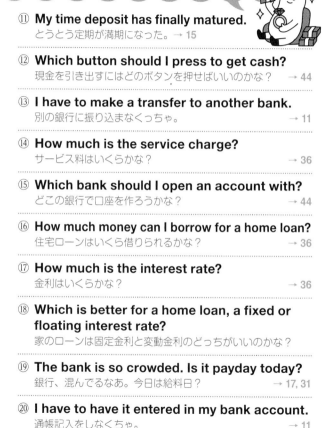

⑪ **My time deposit has finally matured.**
とうとう定期が満期になった。→ 15

⑫ **Which button should I press to get cash?**
現金を引き出すにはどのボタンを押せばいいのかな？ → 44

⑬ **I have to make a transfer to another bank.**
別の銀行に振り込まなくっちゃ。→ 11

⑭ **How much is the service charge?**
サービス料はいくらかな？ → 36

⑮ **Which bank should I open an account with?**
どこの銀行で口座を作ろうかな？ → 44

⑯ **How much money can I borrow for a home loan?**
住宅ローンはいくら借りられるかな？ → 36

⑰ **How much is the interest rate?**
金利はいくらかな？ → 36

⑱ **Which is better for a home loan, a fixed or floating interest rate?**
家のローンは固定金利と変動金利のどっちがいいのかな？

⑲ **The bank is so crowded. Is it payday today?**
銀行、混んでるなあ。今日は給料日？ → 17, 31

⑳ **I have to have it entered in my bank account.**
通帳記入をしなくちゃ。→ 11

「郵便局」でつぶやく

① **Where's the post office?**
郵便局はどこかな？　　　　　　　　　　　　　　　→ 39

② **Is there a post office around here?**
この辺に郵便局はあるかな？　　　　　　　　　　　→ 13

③ **Where's the nearest post office?**
最寄りの郵便局はどこかな？　　　　　　　　　　　→ 39

④ **How can I get to the central post office?**
中央郵便局にはどうやって行ったらいいのかな？　→ 20, 35

⑤ **Where can I get stamps?**
切手はどこで買えるかな？　　　　　　　　　　　→ 20, 40

⑥ **Is there a mailbox near here?**
この近くに郵便ポストはあるかな？　　　　　　　　→ 13

⑦ **Has the mailman come yet?**
郵便屋さんはもう来たかな？　　　　　　　　　　　→ 15

⑧ **Is there any mail for me?**
私宛に郵便が来ているかな？　　　　　　　　　　　→ 13

⑨ **What is the quickest way to send this parcel to Japan?**
日本にこの小包を送る一番早い方法は何だろう？　→ 43

⑩ **Are there any commemorative stamps?**
何か記念切手はあるかな？　　　　　　　　　　　　→ 13

⑪ **How much does it cost to send this letter to America?**
この手紙をアメリカへ送るのにいくらかかるかな？ → 36

⑫ **How much is the rate for special delivery?**
速達料金はいくらかな？ → 36

⑬ **How long will it take by airmail to Canada?**
カナダまで航空便でどれくらい時間がかかるかな？ → 36

⑭ **How can I send cash by registered mail?**
現金書留はどうやって送るのかな？ → 20, 35

⑮ **What are the business hours of the post office?**
郵便局の営業時間は何時から何時までかな？ → 43

⑯ **Would it be delivered by Friday?**
金曜日までに届くかな？ → 31

⑰ **Can I send this package freight collect?**
この小包は着払いで送れるかな？ → 19

⑱ **What time will it be delivered tomorrow?**
これ、明日の何時に届くかな？ → 31, 37

⑲ **Can I use this cash card at the post office?**
郵便局でこのキャッシュカード使えるかな？ → 19

⑳ **The postcard was returned.**
はがきが戻ってきちゃった。 → 31

「図書館」でつぶやく

① **Is that building a library?**
あの建物は図書館かな？　　　　　　　　　　　　　　→ 2

② **The library must be crowded at this hour.**
今ごろ図書館は混んでいるに違いない。　　　　　　　→ 21

③ **I can see the library over there.**
向こうに図書館が見える。　　　　　　　　　　　　　→ 19

④ **How can I get to the city library?**
市の図書館までどうやって行けばいいのかな？　　→ 20, 35

⑤ **What time does the library open?**
図書館の開館は何時かな？　　　　　　　　　　　　　→ 37

⑥ **Oh, I forgot my library card.**
あっ、図書館のカードを忘れちゃった。　　　　　　　→ 30

⑦ **I have to return the book I borrowed by tomorrow.**
明日までに借りていた本を返さなくちゃ。　　　　　　→ 11

⑧ **How many books can I borrow at a time?**
一度に何冊借りられるかな？　　　　　　　　　　　　→ 36

⑨ **We can borrow a maximum of 5 books in two weeks.**
2週間で5冊まで借りられる。　　　　　　　　　　　→ 19

⑩ **What a long line! I should have come earlier.**
長蛇の列！もっと早く来れば良かった。　　　　→ 47, 29

⑪ **Can I borrow this magazine?**
この雑誌、借りられるかな？
→ 19

⑫ **How late is this library open?**
この図書館は何時までかな？
→ 36

⑬ **This library is very crowded.**
この図書館、めちゃ混み。
→ 3, 31

⑭ **This library isn't air-conditioned.**
この図書館はエアコンないのか。
→ 3, 31

⑮ **I have to get to the library before it opens.**
開館前に図書館に行かなくちゃ。
→ 11

⑯ **Where can I find books on history?**
歴史関係の本はどこかな？
→ 20, 40

⑰ **How many days can I keep this book?**
この本、何日間借りられるのかなあ？
→ 36

⑱ **Is this seat taken?**
この席、誰か座っているのかな？
→ 2, 31

⑲ **Don't eat or drink in the library.**
図書館で飲食をするなよ。
→ 28

⑳ **Be quiet in the library.**
図書館では静かにしろよ。
→ 27

「デパート」でつぶやく

① **On which floor is the food section?**
食品売り場は何階かな？ → 39

② **Where is the parking lot?**
駐車場はどこかな？ → 39

③ **How much is the parking fee?**
駐車料金はいくらかな？ → 36

④ **Is parking free?**
駐車料金はただかな？ → 3

⑤ **On which floor can I get plates and utensils?**
食器は何階にあるかな？ → 20, 39

⑥ **Do they have short-sleeve shirts?**
半袖のシャツはあるかな？ → 33

⑦ **I'll get something for my wife.**
妻に何か買って行こうっと。 → 5

⑧ **How many restaurants are there on the ninth floor?**
9階にはレストランは何軒あるかな？ → 13, 36

⑨ **Are there any bars in the department store?**
このデパートにバーはあるかな？ → 13

⑩ **Where is the exit?**
出口はどこかな？ → 39

⑪ **Where is the rest room?**
トイレはどこかな？ → 39

⑫ **I'll take the escalator down to the first floor.**
エスカレーターで1階まで降りようっと。 → 5

⑬ **I'll take the elevator to the eighth floor.**
エレベーターで8階まで行こうっと。 → 5

⑭ **Where is the fitting room?**
試着室はどこかな？ → 39

⑮ **Can I try this on?**
これ試着できるかな？ → 19

⑯ **Where's the service counter?**
サービスカウンターはどこかな？ → 39

⑰ **I'll get some cakes for dessert.**
デザートにケーキを買って行こう。 → 5

⑱ **I feel like I've forgotten something.**
何か買い忘れた気がするなあ。 → 7, 15, 30

⑲ **Are there any free sample corners on the grocery floor?**
食料品売り場に試食コーナーはあるかな？ → 13

⑳ **There's an amusement park on the roof.**
屋上には遊園地がある。 → 13

「新聞」を読んでつぶやく

① **Where's today's newspaper?**
今日の新聞はどこかな？　　　　　　　　　　　　　→ 39

② **I'll go and get the newspaper.**
新聞を取ってこようっと。　　　　　　　　　　　　→ 5

③ **The paper hasn't arrived yet this morning.**
今朝、新聞がまだ来てない。　　　　　　　　　　　→ 15

④ **Oh, today is a newspaper holiday.**
ああ、今日は新聞の休刊日だ。　　　　　　　　　　→ 3

⑤ **I don't have time to read a paper today.**
今日は新聞を読んでる時間がない。　　　　　　　　→ 33

⑥ **I need a magnifier to read a newspaper.**
新聞を読むのに拡大鏡が必要。　　　　　　　　　　→ 29

⑦ **What is the weather forecast for today?**
今日の天気予報はどうかな？　　　　　　　　　　　→ 43

⑧ **I look forward to the cartoon section every day.**
毎日、漫画のコーナーが楽しみ。

⑨ **What's the top story in today's paper?**
今日の一面記事は何かな？　　　　　　　　　　　　→ 43

⑩ **Is yesterday's incident in the paper?**
昨日の事件は新聞に載っているかな？　　　　　　　→ 3

⑪ **I read the editorial first.**
最初に読むのは社説から。

⑫ **According to today's weather forecast, it's going to rain this afternoon.**
天気予報だと、午後から雨みたい。　　　　　→ 23

⑬ **There are no interesting articles today, either.**
今日も面白い記事がないなあ。　　　　　→ 13

⑭ **There are so many ads in today's paper.**
今日の新聞は広告ばかり。　　　　　→ 13

⑮ **I think I'll subscribe to an English-language newspaper.**
英字新聞を購読しようかな。　　　　　→ 5

⑯ **I'm anxious to know the results of the baseball games.**
野球の試合の結果を早く知りたい。　　　　　→ 3

⑰ **Did the Giants win the game last night?**
夕べはジャイアンツ勝ったかな？

⑱ **The Tigers lost the game again.**
タイガースはまた負けたか。

⑲ **It seems this newspaper is partial to the Giants.**
この新聞はジャイアンツびいきみたい。　　　　　→ 3, 23

⑳ **I think I'm going to change to another newspaper.**
他の新聞に変えようかな。　　　　　→ 6

「健康診断」でつぶやく

① **We have a health check at the office tomorrow.**
明日は会社で健康診断がある。　　　　　　　　　→ 33

② **I'm not supposed to eat anything after 10:00 p.m.**
夜の 10 時以降は何も食べてはいけないの。　　　→ 31

③ **I'm not supposed to drink water after 8:00 a.m. tomorrow.**
明日の午前 8 時以降は水を摂ってはいけないの。　→ 31

④ **I hate taking any barium.**
バリウムを飲むのは嫌だ。　　　　　　　　　　→ 9

⑤ **I've gained three kilos since last year.**
去年より、3 キロ増えた。　　　　　　　　　　→ 15

⑥ **I've lost five kilos since last month.**
先月より、5 キロやせた。　　　　　　　　　　→ 15

⑦ **I've gotten two centimeters taller.**
身長が 2 センチ伸びた。　　　　　　　　　　　→ 15

⑧ **My eyesight is getting worse.**
視力がだんだん悪くなってきた。　　　　　　　→ 25

⑨ **The results will be out in a week.**
結果は 1 週間後に出る。　　　　　　　　　　　→ 23

⑩ **My blood pressure is 150 over 100.**
血圧は上が 150 で、下が 100。　　　　　　　→ 3

⑪ **My stomach will be upset for a few days after taking barium.**
バリウムを飲むと数日間胃の調子が悪くなる。　→ 23, 31

⑫ **I must remember to take laxative pills after taking barium.**
バリウムを飲んだ後は、下剤を忘れずに飲まないと。　→ 11

⑬ **I'm afraid to see the results of the checkup.**
診断結果を見るのが怖い。　→ 3

⑭ **There's nothing more valuable than good health.**
何事にも健康が一番。　→ 13

⑮ **There's nothing particularly wrong this time.**
今回は特に悪いところはなかった。　→ 13

⑯ **The data shows that I have too much neutral fat.**
データによると中性脂肪が多いらしい。　→ 33

⑰ **It seems I have a bad liver.**
肝臓がやられているみたい。　→ 23, 33

⑱ **I have to cut down on my drinking.**
お酒の量を減らさないと。　→ 11

⑲ **The doctor advised me to quit smoking.**
医者から禁煙した方がいいと言われた。

⑳ **It seems I'd better eat more vegetables.**
もっと野菜を食べた方がいいみたい。　→ 11, 23

「家族」のことをつぶやく

① **Is he single or married?**
彼は独身かな、それとも既婚かな？ → 3

② **We are a family of five.**
うちは5人家族。 → 3

③ **I have two sisters.**
3人姉妹なの。 → 33

④ **Does he have any brothers?**
彼には兄弟がいるかな？ → 33

⑤ **Everyone in my family has type A blood except me.**
私以外、家族はそろってA型だ。 → 33

⑥ **My parents come from Aomori.**
両親は青森の出身。

⑦ **I was born and brought up in Asakusa.**
生まれも育ちも浅草だ。 → 31

⑧ **How many people are there in her family?**
彼女は何人家族かな？ → 13, 36

⑨ **I'm an only child.**
私は一人っ子。 → 3

⑩ **My father got remarried last year.**
昨年、父は再婚した。 → 31

⑪ **It's been five years since my husband passed away.**
夫が亡くなってもう5年になるわ。 → 15

⑫ **My parents got divorced two years ago.**
2年前、両親が離婚した。 → 31

⑬ **He has no relatives to rely on.**
彼には身を寄せる親戚が一人もいない。 → 33

⑭ **She's the oldest of four sisters.**
彼女は4人姉妹の長女だ。 → 3

⑮ **My father is an office worker.**
父は会社員。 → 3

⑯ **My mother is a housewife.**
母は主婦。 → 3

⑰ **I wish I had a little sister.**
妹がいたらなあ。 → 8

⑱ **I take after my mother in appearance.**
私は母親似だ。

⑲ **It's hard to tell those twins apart.**
あの双子を見分けるのは難しいな。 → 10

⑳ **We have a double income.**
うちは共働き。 → 33

「ペット」のことをつぶやく

① **I have a dog and two cats.**
犬を1匹とネコを2匹飼っている。　　　　　→ 33

② **It's a purebred dog.**
血統書付きの犬なの。　　　　　→ 3

③ **She was an abandoned cat.**
捨てネコだったの。　　　　　→ 4

④ **I have to have her spayed.**
避妊手術をしなくっちゃ。　　　　　→ 11

⑤ **This dog must be missing its owner.**
この犬は飼い主がいなくて寂しがっているに違いない。　→ 21

⑥ **This dog barks all the time.**
この犬はしょっちゅう吠えている。

⑦ **Why does this dog always bark?**
何でこの犬はいつも吠えているんだろう？　　　→ 42

⑧ **My dog is totally spoiled.**
家の犬はすごく甘ったれなの。　　　　　→ 3, 31

⑨ **Oh, I forgot to feed my dog.**
あ、犬にエサをあげるの忘れた。　　　　　→ 30

⑩ **It's time to feed my cat.**
もうネコにエサをあげる時間。　　　　　→ 12

⑪ **I'll walk my dog after breakfast.**
朝食後に犬の散歩に行こうっと。→ 5

⑫ **There's something wrong with my cat.**
うちのネコはどこか調子が悪い。→ 13

⑬ **I have to take my cat to a vet right now.**
すぐに獣医に連れていかなくっちゃ。 → 11

⑭ **Who takes care of this dog?**
この犬の世話は誰がしているのかな。 → 45

⑮ **That cat is on a leash.**
あのネコ、リードでつながれてる。 → 1

⑯ **I've run out of dog food.**
ドッグフードがなくなっちゃった。 → 15

⑰ **Do they have cat food at convenience stores?**
コンビニでキャットフード売ってるかな？ → 33

⑱ **My cat is a male, two-and-a-half years old.**
うちのネコは2歳半の雄ネコだ。 → 3

⑲ **I've never seen this kind of tropical fish.**
こんな熱帯魚見るのは初めて。 → 16

⑳ **I walk my dog twice a day, before breakfast and after dinner.**
犬の散歩は朝食前と夕食後の1日2回。

「引っ越し」をつぶやく

① **I wish I could live alone.**
一人で暮らしたいなあ。 → 8

② **It'll be closer to the office.**
会社に近くなる。 → 23

③ **I'm moving to a new apartment this weekend.**
今週末に新しいアパートに引っ越すんだ。 → 26

④ **Is there a vacant room in this apartment?**
このアパートには空き室があるかな？ → 13

⑤ **Does this room get a lot of sun?**
この部屋の日当たりはいいかな？

⑥ **I'm thinking of renting an apartment.**
アパートを借りようかなと思ってる。 → 25

⑦ **How much is the deposit?**
敷金はいくらかな？ → 36

⑧ **How much is the rent for this room?**
この部屋の家賃はいくらかな？ → 36

⑨ **Is the apartment equipped with an air-conditioner?**
そのアパートはエアコン付きかな？ → 3, 31

⑩ **Is the apartment furnished?**
そのアパートは家具付きかな？ → 3, 31

⑪ **I'm leaving my apartment next week.**
来週アパートを出る。 → 26

⑫ **How long does it take to walk to the nearest station?**
最寄り駅まで歩いてどれくらいかな？ → 36

⑬ **How old is this apartment?**
このアパートは築何年かな？ → 36

⑭ **I have to pay my rent by the end of this month.**
今月末までに家賃を払わなくちゃ。 → 11

⑮ **I've been living in this apartment for ten years.**
このアパートにもう10年も住んでる。 → 25

⑯ **Pets are not allowed in my apartment.**
私のアパートではペットは禁止。 → 31

⑰ **Moving is really exhausting.**
引っ越しは本当に疲れる。 → 3

⑱ **I don't ever want to have to move again.**
もう引っ越しはしたくない。 → 7, 11

⑲ **I wish I could live in such a big condo.**
あんな大きなマンションに住んでみたいなあ。 → 8

⑳ **I'm having a housewarming party this weekend.**
週末に引っ越し祝いのパーティーをするぞ。 → 26

「結婚」をつぶやく

① **Are they engaged?**
彼らは婚約しているのかな？　→ 3, 31

② **When are they getting married?**
彼らはいつ結婚するのかな？　→ 26, 31, 38

③ **Where are they going on their honeymoon?**
新婚旅行はどこへ行くのかな？　→ 26, 40

④ **When can I get married?**
いつ結婚できるかな？　→ 20, 31, 38

⑤ **We're getting married in September.**
私たち9月に結婚する。　→ 26, 31

⑥ **We're having our wedding at a church in Tokyo this month.**
今月東京の教会で結婚式を挙げる。　→ 26, 33

⑦ **When will he propose to me?**
彼はいつプロポーズしてくれるのかな？　→ 38

⑧ **We're not interested in marriage.**
結婚には興味ない。　→ 3, 31

⑨ **I'm going to stay single for the rest of my life.**
生涯、結婚するつもりはない。　→ 6

⑩ **How many people should we invite to our wedding?**
結婚式に何人招待すればいいかな？　→ 36

⑪ **They must be having a baby soon.**
彼らはじきに子どもができるに違いない。→ 21, 26, 33

⑫ **It's about time for me to get married.**
そろそろ結婚の時期かな。 → 12

⑬ **How much should I give for the wedding gift?**
結婚の祝い金にはいくらあげればいいかな？ → 36

⑭ **What a beautiful bride!**
何てきれいな花嫁さん！ → 47

⑮ **Who should I invite to my wedding reception?**
披露宴には誰を招待すればいいかな？ → 46

⑯ **They are still deeply in love with each other.**
彼らはまだラブラブだな。 → 3

⑰ **It seems it was a shotgun wedding.**
できちゃった結婚みたい。 → 23

⑱ **We're going to Hawaii on our honeymoon for a week.**
新婚旅行はハワイに１週間。 → 26

⑲ **It was such a wonderful wedding reception.**
とても素晴らしい披露宴だったな。 → 4

⑳ **I have to make a speech at the wedding reception.**
披露宴でスピーチしなくちゃ。 → 11

「出産」のことをつぶやく

① **I want to have three babies at least.**
3人は子どもが欲しいな。 → 7

② **I gave birth to twins on June 6.**
6月6日に双子が生まれた。

③ **I had an easy delivery.**
安産だった。 → 33

④ **I had a difficult delivery.**
難産だった。 → 33

⑤ **I was present at the delivery.**
出産に立ち会った。 → 4

⑥ **My period is a week late.**
生理が1週間遅れている。 → 3

⑦ **I missed my period.**
生理が来ない。

⑧ **Am I pregnant?**
妊娠したかな？ → 3

⑨ **I'm two months pregnant.**
妊娠2カ月なの。 → 3

⑩ **Is my baby a boy or a girl?**
男の子かな、女の子かな？ → 3

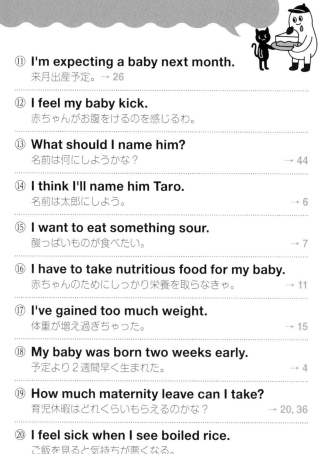

⑪ **I'm expecting a baby next month.**
来月出産予定。 → 26

⑫ **I feel my baby kick.**
赤ちゃんがお腹をけるのを感じるわ。

⑬ **What should I name him?**
名前は何にしようかな？ → 44

⑭ **I think I'll name him Taro.**
名前は太郎にしよう。 → 6

⑮ **I want to eat something sour.**
酸っぱいものが食べたい。 → 7

⑯ **I have to take nutritious food for my baby.**
赤ちゃんのためにしっかり栄養を取らなきゃ。 → 11

⑰ **I've gained too much weight.**
体重が増え過ぎちゃった。 → 15

⑱ **My baby was born two weeks early.**
予定より2週間早く生まれた。 → 4

⑲ **How much maternity leave can I take?**
育児休暇はどれくらいもらえるのかな？ → 20, 36

⑳ **I feel sick when I see boiled rice.**
ご飯を見ると気持ちが悪くなる。

「育児」のことをつぶやく

① **Raising children is tough.**
子育てって大変だなあ。 → 3

② **My baby can't hold her head up yet.**
まだ首がすわってない。 → 19

③ **My baby said "mommy" for the first time today.**
今日初めてママと言ってくれた。

④ **My baby's just started to stand holding onto something.**
つかまり立ちを始めた。 → 15

⑤ **It seems my baby has become addicted to being held.**
抱き癖がついちゃったみたい。 → 15, 23

⑥ **I'm going to discipline my son.**
息子は厳しくしつけるつもり。 → 6

⑦ **My husband is indulgent to our daughter.**
夫は娘には甘い。 → 3

⑧ **I think I'm going to take my baby for a walk in the stroller.**
ベビーカーで散歩に行くかな。 → 6

⑨ **Both my husband and I work.**
共働きだ。

⑩ **It's my job to lull my baby to sleep.**
子どもを寝かしつけるのは私の仕事。 → 10

⑪ **I usually take my child to the nursery school before going to work.**
いつも子どもを保育園に送ってから出勤する。

⑫ **I breast-feed my baby.**
母乳で育ててる。

⑬ **It's my husband's job to give the baby a bath.**
赤ちゃんをお風呂に入れるのは夫の仕事。　→ 10

⑭ **I will become a father next month.**
来月、父親になる。　→ 23

⑮ **My wife is on maternity leave.**
妻は育児休暇を取っている。　→ 3

⑯ **I have to sterilize the baby bottle.**
哺乳瓶を消毒しなくちゃ。　→ 11

⑰ **Is it about time to make baby food?**
そろそろ離乳食を作るころかな？　→ 12

⑱ **My baby is beginning to crawl.**
ハイハイし始めた。　→ 25

⑲ **It's about time to pick up my child at the nursery school.**
そろそろ子どもを保育園に迎えに行く時間だ。　→ 12

⑳ **My husband has never changed her diapers.**
夫は娘のおむつを1度も替えたことがない。　→ 16

「地震」でつぶやく

① **Oh, it's an earthquake again!**
あっ、また地震だ！ → 3

② **Not a day passes without an earthquake.**
地震のない日は一日もない。

③ **Another big earthquake must be coming soon.**
また、すぐに大きな地震が来るに違いない。 → 21, 25

④ **Where is the epicenter of the earthquake?**
震源はどこかな？ → 39

⑤ **How strong was the earthquake?**
震度はどれくらいだったのかな？ → 36

⑥ **I've never experienced such a big earthquake.**
こんな大きな地震は初めて。 → 16

⑦ **Maybe the earthquake intensity is level 4.**
震度4くらいかな。 → 3

⑧ **It's a blackout!**
停電だ！

⑨ **Water doesn't come out.**
水が出ない。

⑩ **The lights are still out.**
電気はまだつかない。 → 3

⑪ **Where is the flashlight?**
懐中電灯はどこにあったかな？ → 39

⑫ **When will power be restored?**
電気はいつ復旧するのかな？　　　　　　　→ 38

⑬ **The trains are not running.**
電車が止まっている。　　　　　　　　　　→ 25

⑭ **How can I get home?**
どうやって家に帰ろうかな？　　　　　　→ 20, 35

⑮ **I spent 6 hours walking home from the office.**
会社から家まで6時間かけて歩いて帰った。

⑯ **A huge tsunami warning has been announced.**
巨大津波警報が発令された。　　　　　　→ 15, 31

⑰ **The tsunami warning has been canceled.**
津波警報が解除された。　　　　　　　　→ 15, 31

⑱ **I think I'd better get earthquake insurance.**
地震保険に入った方がいいかな。　　　　　→ 11

⑲ **Do we have scheduled blackouts this summer?**
今年の夏は計画停電はあるかな？　　　　　→ 33

⑳ **I wish I could live in a country where there
are no earthquakes.**
地震のない国に住めたらなあ。　　　　　→ 8, 13

「カレンダー・時計」を見てつぶやく

① **What is today's date?**
今日は何日だっけ？　　　　　　　　　　→ 43

② **It's October 3rd.**
今日は 10 月 3 日か。→ 17

③ **What day is it today?**
今日は何曜日だっけ？ → 17, 44

④ **It's Thursday today.**
今日は木曜日か。　　　　　　　　　　→ 17

⑤ **It's still Wednesday.**
まだ水曜日か。　　　　　　　　　　　→ 17

⑥ **When is my father's birthday?**
お父さんの誕生日はいつだっけ？　　　→ 37

⑦ **Today is my birthday.**
今日は私の誕生日。　　　　　　　　　→ 3

⑧ **It's half past four.**
4 時半か。　　　　　　　　　　　　　→ 17

⑨ **Is it 5 o'clock already?**
もう 5 時なの？　　　　　　　　　　　→ 17

⑩ **This watch seems a little slow.**
この時計ちょっと遅れてるみたい。

⑪ **That clock is three minutes fast.**
あの時計は3分進んでる。 → 1

⑫ **I'm really sweating. It must be getting hot today.**
汗がすごく出てきた。今日は暑くなるに違いない。 → 21, 25

⑬ **What will the weather be like tomorrow?**
明日の天気はどうなるかな？ → 44

⑭ **It's raining outside.**
外は雨が降っている。 → 17, 25

⑮ **It's sunny today.**
今日は晴れだ。 → 17

⑯ **It was cloudy today.**
今日は曇りだった。 → 17

⑰ **Will it be rainy tomorrow?**
明日は雨かな？ → 18

⑱ **Will we have a terribly hot summer this year?**
今年は猛暑かな？ → 33

⑲ **My birthday falls on Sunday this year.**
今年の私の誕生日は日曜日。

⑳ **The weather forecast says it'll be rainy tomorrow.**
天気予報だと明日は雨。 → 18

「夢」をつぶやく

① **My dream for the future is to be a singer.**
私の将来の夢は歌手になること。 → 3

② **I want to be a professional dancer when I grow up.**
将来はプロのダンサーになりたい。 → 7

③ **I'm going to live in Spain after retirement.**
定年後はスペインで暮らすつもり。 → 6

④ **I'm going to travel around the world in a year.**
1年で世界一周旅行をするつもり。 → 6

⑤ **I wish I could get married to a girl like that.**
あんな女性と結婚できたらいいなあ。 → 8

⑥ **There are many things I want to try in college.**
大学に入ったらやりたいことがたくさんあるの。 → 13

⑦ **I haven't decided what to do after leaving college.**
大学を卒業したら何をするかまだ決めてない。 → 15

⑧ **My goal for this year is to get into Sophia University.**
今年の目標は上智大学に入ること。 → 3

⑨ **I wish I could study abroad.**
外国に留学できたらいいなあ。 → 8

⑩ **I want to work in a field where I can use English.**
英語関係の仕事に就きたいな。　　　→ 7

⑪ **I've wanted to be a train conductor since I was a child.**
子どものころから電車の車掌さんになりたいと思ってた。→ 7, 15

⑫ **She has a dream to be a diplomat.**
彼女には外交官になりたいという夢がある。　　→ 33

⑬ **Where there's a will, there's a way.**
意志のあるところに道は拓けるさ。　　→ 13

⑭ **My dreams have finally come true.**
私の夢はとうとうかなった。　　→ 15

⑮ **Misaki was in my dream last night.**
夕べの夢にミサキが出てきた。　　→ 3

⑯ **I had a strange dream last night.**
夕べは変な夢を見た。　　→ 33

⑰ **I believe the day will soon come when my dream will come true.**
やがて夢がかなう日が来るって信じてる。　　→ 23

⑱ **She has gone to Italy to realize her dream.**
彼女は夢をかなえるためにイタリアに行った。　　→ 15

「体調」をつぶやく

① **I'm beat.**
もうくたくた。 → 3

② **I'm OK.**
私は大丈夫。 → 3

③ **My shoulders are so stiff.**
肩が凝るなあ。 → 3

④ **I'm feeling dizzy.**
めまいがする。 → 25

⑤ **I'm not feeling well.**
気分が良くない。 → 25

⑥ **I'm feeling nauseous.**
吐き気がする。 → 25

⑦ **I may have a fever.**
熱っぽいかな。 → 24, 34

⑧ **I may have a cold.**
風邪を引いたかも。 → 24, 34

⑨ **I vomit everything I eat.**
食べたもの全部吐いちゃうの。

⑩ **I may have food poisoning.**
食中毒かも。 → 24, 34

⑪ **I can't stop coughing.**
咳が止まらない。 → 19

⑫ **I've had diarrhea since last night.**
夕べから下痢をしているの。　　　　　　　　→ 15, 34

⑬ **I have a headache.**
頭が痛い。　　　　　　　　　　　　　　　　→ 34

⑭ **I have a toothache.**
歯が痛い。　　　　　　　　　　　　　　　　→ 34

⑮ **I have a sore throat.**
喉が痛い。　　　　　　　　　　　　　　　　→ 34

⑯ **I have a sharp pain in my stomach.**
おなかがきりきり痛むなあ。　　　　　　　　→ 34

⑰ **I've been in good shape recently.**
最近は体調がいい。　　　　　　　　　　　　→ 25

⑱ **I haven't had an appetite for over a week.**
1週間以上、食欲がない。　　　　　　　　　→ 25, 33

⑲ **I get tired easily these days.**
最近、疲れやすいなあ。　　　　　　　　　　→ 31

⑳ **I think I'd better go and see a doctor.**
医者に診てもらった方がいいかな。　　　　　→ 11

「けが」をつぶやく

① **I cut my finger.**
指を切っちゃった。

② **I sprained my finger.**
突き指しちゃった。

③ **I broke my leg.**
脚を折っちゃった。

④ **I got burned.**
やけどしちゃった。
→ 31

⑤ **I sprained my ankle.**
足首をねんざしちゃった。

⑥ **There's a fracture in the bone.**
骨にひびが入ってる。
→ 13

⑦ **I injured my knee ligament.**
ひざの靭帯を痛めちゃった。

⑧ **I cut my Achilles' tendon.**
アキレス腱切っちゃった。

⑨ **I got whiplashed from a car accident.**
自動車事故でむち打ちになっちゃった。
→ 31

⑩ **I hit my head against the wall.**
壁に頭をぶつけちゃった。

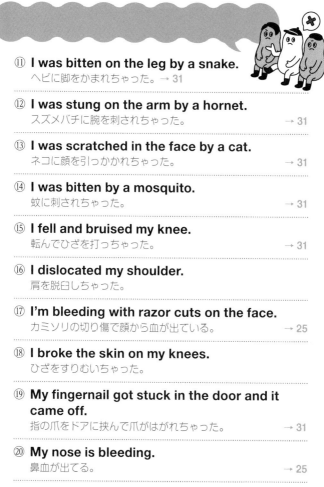

⑪ **I was bitten on the leg by a snake.**
ヘビに脚をかまれちゃった。 → 31

⑫ **I was stung on the arm by a hornet.**
スズメバチに腕を刺されちゃった。 → 31

⑬ **I was scratched in the face by a cat.**
ネコに顔を引っかかれちゃった。 → 31

⑭ **I was bitten by a mosquito.**
蚊に刺されちゃった。 → 31

⑮ **I fell and bruised my knee.**
転んでひざを打っちゃった。 → 31

⑯ **I dislocated my shoulder.**
肩を脱臼しちゃった。

⑰ **I'm bleeding with razor cuts on the face.**
カミソリの切り傷で顔から血が出ている。 → 25

⑱ **I broke the skin on my knees.**
ひざをすりむいちゃった。

⑲ **My fingernail got stuck in the door and it came off.**
指の爪をドアに挟んで爪がはがれちゃった。 → 31

⑳ **My nose is bleeding.**
鼻血が出てる。 → 25

「アレルギー」でつぶやく

① **I'm suffering from hay fever.**
花粉症に悩んでる。　　　　　　　→ 25

② **I'm allergic to dairy products.**
乳製品アレルギーなの。　　　　　　→ 3

③ **I broke out in a rash after eating peanuts.**
ピーナッツを食べたらじんましんが出ちゃった。

④ **I have atopic dermatitis.**
アトピーなの。　　　　　　　　　→ 34

⑤ **I used to have asthma when I was a child.**
子どものころ、ぜんそくだったの。　　→ 34

⑥ **My son has allergies, too.**
息子もアレルギー体質だ。　　　　　→ 34

⑦ **My nose is running all the time.**
鼻水が止まらないの。　　　　　　　→ 25

⑧ **My eyes are itchy.**
目がかゆいの。　　　　　　　　　→ 3

⑨ **I have swollen eyes.**
目が腫れちゃってる。　　　　　　　→ 34

⑩ **My eyes are bloodshot.**
目が充血してる。　　　　　　　　　→ 3

⑪ **I can't stop sneezing.**
くしゃみが止まらない。　　　　　　→ 19

⑫ **It seems there's a lot of pollen flying around outside.**
外は花粉が飛び散ってるみたい。 → 14, 23

⑬ **I can't go out without a pollen-filtering mask.**
花粉症用マスクなしで外に出られない。 → 19

⑭ **I got a sty on my right eyelid.**
右目のまぶたにものもらいができちゃった。

⑮ **The hay fever season has started this year.**
今年も花粉症の季節が始まっちゃった。 → 15

⑯ **A large amount of cedar pollen is expected this year.**
今年のスギ花粉の量は多いみたい。 → 31

⑰ **I'm relieved to hear there will be less cedar pollen this year.**
今年はスギ花粉が少ないと聞いてホッとしている。 → 13, 32

⑱ **I feel melancholic as the hay fever season comes near.**
花粉症の季節が近づくと憂鬱になる。

⑲ **My tears can't stop dropping.**
涙が止まらない。 → 19

⑳ **I'll be allergic to crab and shrimp.**
カニやエビにアレルギーを起こしそう。 → 23

「ダイエット」でつぶやく

① **I must go on a diet.**
ダイエットしなくちゃ。 → 11

② **I've never been on a diet.**
ダイエットなんか一度もしたことがない。 → 16

③ **It seems the apple diet doesn't work.**
リンゴダイエットは効果がないみたい。 → 23

④ **It seems I'm getting fat these days.**
最近、太ってきたみたい。 → 25

⑤ **I've gained 5 kilos in the past five months.**
5カ月で5キロも太っちゃった。 → 15

⑥ **I must lose two more kilos.**
あと2キロやせないと。 → 11

⑦ **I think I must eat more vegetables.**
もっと野菜を食べなくちゃ。 → 11

⑧ **I think I'd better take more vitamins.**
もっとビタミンを取った方がいいかな。 → 11

⑨ **I go to the gym almost every day.**
ほとんど毎日、ジムに通ってる。

⑩ **I jog around the Imperial Palace a couple of times a week.**
1週間に2〜3回、皇居の周りをジョギングする。

⑪ **I haven't been to the gym recently.**
最近、ジムに行ってないな。→ 15

⑫ **I make it a rule to stretch every night.**
毎晩、ストレッチをすることにしている。

⑬ **I usually workout before going to bed.**
普段寝る前に、運動をしている。

⑭ **I usually walk to the office for exercise.**
たいてい会社まで運動に歩いて行く。

⑮ **Walking the dog is the only exercise I take.**
運動と言えば、犬の散歩くらいしかしてないな。→ 3

⑯ **I must do something about my stomach.**
おなかの回りを何とかしなくちゃ。→ 11

⑰ **The doctor suggested I quit smoking.**
医者から禁煙するように勧められた。

⑱ **Tomorrow is the day for a regular checkup.**
明日は定期健康診断。→ 3

⑲ **I've tried many kinds of diets, but none of them worked.**
今までいろんな種類のダイエットをしてきたけど、どれも効果がなかった。→ 15

⑳ **I want to get rid of this spare tire.**
このおなかのぜい肉、なくしたいなあ。→ 7

「髪の毛」をつぶやく

① **I have to make an appointment for 3:00 p.m. tomorrow.**
明日の午後３時に予約をしなくちゃ。 → 11

② **I think I'll go to a beauty salon this weekend.**
週末に美容院に行こうかな。 → 5

③ **My hair has grown out.**
髪が伸びてきたなあ。 → 15

④ **I'll have it cut short.**
短くしてもらおう。 → 5

⑤ **What kind of short haircut should I get?**
どんなショートカットがいいかな？ → 44

⑥ **It seems my hair has been damaged a bit.**
髪が少し痛んできたみたい。 → 15, 23

⑦ **I think I'll change my hairstyle.**
ヘアスタイルを変えようかな。 → 5

⑧ **A new beauty salon has opened recently in front of the station.**
最近、駅前に新しい美容院がオープンした。 → 15

⑨ **Since it's Tuesday, beauty salons are closed today.**
今日は火曜日だから美容院は休み。 → 17, 31

⑩ **Did she change her hairstyle?**
She looks younger.
彼女、ヘアスタイル変えたかなあ？ 若く見える。

⑪ **It's about time to go to the barber's.**
そろそろ床屋に行くころかな。 → 12

⑫ **How much does a perm cost?**
パーマはいくらかな？ → 36

⑬ **What color should I dye my hair?**
何色に髪を染めようかな？ → 44

⑭ **I think I'll get a perm for a change.**
気分転換にパーマをかけようかな。 → 5

⑮ **I usually dye my hair on my own.**
いつも自分で髪を染めてる。

⑯ **Does he wear a wig? His hairstyle is always**
the same.
彼はカツラをつけているのかなあ？いつも同じヘアスタイル。→ 3

⑰ **My hair is getting thin on top these days.**
最近、頭のてっぺんが薄くなってきた。 → 25

⑱ **I cut too much off my bangs.**
前髪、切り過ぎちゃった。

⑲ **I have to fix my bed hair.**
寝癖を直さないと。 → 11

「病院の待合室」でつぶやく

診察などの待ち時間につぶやける表現を集めました。
ヒントなしでつぶやいてみましょう。

① あっ、保険証を持って来るのを忘れた。

② 病院には患者さんがたくさん。

③ 何時間待たなきゃいけないのかな？

④ 私の番号が呼ばれるまで、あとまだ 10 人もいる。

⑤ やっと私の番だ。

⑥ 医者に診てもらいに行くのも 1 日がかり。

⑦ 今日はいつもよりずっと患者の数が少ない。

⑧ この待合室、エアコンが効いてない。

⑨ この病院は女医さんが多い。

⑩ ここの看護師さんたちは皆、親切で感じがいい。

① Oh, I forgot to bring my health insurance card.

② There are so many patients in the hospital.

③ How many hours do I have to wait?

④ There are still ten more patients until my number is called.

⑤ It's my turn at last.

⑥ It takes a whole day to go and see a doctor.

⑦ There are much fewer patients than usual.

⑧ This waiting room isn't air-conditioned.

⑨ There are many female doctors in this hospital.

⑩ The nurses here are all kind and pleasant.

実践編

シーン別につぶやこう！

OUTPUT!

「余暇」を
英語でペラペラ！

パーティーや飲み会、カラオケに行ったり、
スポーツや映画をともに楽しんだり……。
ワクワクする楽しさや喜びを分かち合ったり、
ＳＮＳで発信できたりしたら
最高じゃありませんか？

「趣味」をつぶやく

① **My hobby is watching movies on TV.**
趣味はテレビで映画を観ること。　　　　　　　　　　→ 3

② **I'm interested in oil painting.**
油絵に興味がある。　　　　　　　　　　　　　　　　→ 31

③ **I started pottery a few months ago.**
数カ月前から陶芸を始めた。

④ **I'm thinking of taking a drawing class.**
絵画教室に通おうかと思っている。　　　　　　　　　→ 25

⑤ **I like taking pictures.**
写真を撮るのが好き。　　　　　　　　　　　　　　　→ 9

⑥ **I take a flower arrangement class twice a week.**
週に2回、生け花教室に通ってる。

⑦ **His hobby is fishing.**
彼の趣味は魚釣り。　　　　　　　　　　　　　　　　→ 3

⑧ **I like sea fishing better than river fishing.**
川釣りより海釣りの方がいいな。

⑨ **I want to surf in Guam this summer.**
今年の夏はグアムで波乗りしたいな。　　　　　　　　→ 7

⑩ **My hobby is going out for gourmet food on weekends.**
趣味は週末にグルメ料理を食べに行くこと。　　　　　→ 3

⑪ **I go golfing every Saturday.**
毎週土曜日にゴルフに行く。

⑫ **Where shall I go for the summer?**
今年の夏はどこに行こうかな？　　　　　　　　　→ 40

⑬ **I'm going skiing in Hokkaido this winter.**
今年の冬は北海道にスキーに行くんだ。　　　　　→ 26

⑭ **I think I'm going to read leisurely this weekend.**
週末はゆっくり読書をするかな。　　　　　　　　→ 6

⑮ **I sometimes bake cookies on weekends.**
週末に時々、クッキーを焼く。

⑯ **I used to be a Giants fan, but now I'm not.**
昔はジャイアンツのファンだったけど今は違う。

⑰ **My family is going to take a two-day trip to Atami.**
家族で熱海に１泊旅行に出かけるつもり。　　　　→ 6

⑱ **I lost 100,000 yen at a Las Vegas casino.**
ラスベガスのカジノで 10 万円すった。

⑲ **It seems he can't live without gambling.**
彼はギャンブルなしには生きていけないみたい。　→ 19, 23

⑳ **I don't have any particular hobbies.**
これと言って特別な趣味はない。　　　　　　　　→ 33

「テレビ・ラジオ」でつぶやく

① **I think I'll turn on the TV.**
テレビをつけようかな。→ 5

② **What's on TV tonight?**
今晩はテレビで何をやっているかな？→ 43

③ **Where's the remote?**
リモコンはどこかな？　　　　　　　　　　　　　　→ 39

④ **This program is boring. I'll change the channel.**
この番組、つまらない。チャンネル変えようっと。　　→ 1, 5

⑤ **Are there any interesting TV programs tonight?**
今晩は何か面白い番組やっているかな？　　　　　　→ 13

⑥ **This is a rerun.**
これ再放送だ。　　　　　　　　　　　　　　　　→ 1

⑦ **I forgot to record the soccer game last night.**
夕べ、サッカーの試合を録画するの忘れちゃった。　→ 30

⑧ **Is he watching the same program at this time?**
今ごろ、彼も同じ番組を見てるかな？　　　　　　→ 25

⑨ **I've been looking forward to this drama for a week.**
1週間前からずっとこのドラマ、楽しみにしてたんだ。　→ 25

⑩ **There's something wrong with this radio.**
このラジオどこか故障している。　　　　　　　　→ 13

⑪ **I have to have this TV repaired.**
このテレビ修理しなくちゃ。→ 11

⑫ **The radio is running out of batteries.**
ラジオは電池がなくなってきた。
→ 25

⑬ **The battery of the radio is dead.**
ラジオの電池がない。
→ 3

⑭ **Don't sit so close to the TV.**
テレビにそんなに近づくな。
→ 28

⑮ **Oh, it's over already.**
ああ、終わっちゃった。
→ 3

⑯ **What channel is it on?**
それ、何チャンネルだったかな？
→ 44

⑰ **There's nothing on at this hour.**
今の時間は何もやってない。
→ 13

⑱ **This is a live broadcast.**
これは生放送だ。
→ 1

⑲ **Oh, I forgot to record that soap opera!**
あっ、ドラマを録画するの忘れちゃった！
→ 30

⑳ **I think I'll watch the movie I recorded yesterday.**
昨日録画した映画を見ようっと。
→ 5

「LINE・メール」でつぶやく

① **I think I'll check my e-mail first of all.**
まずはメールのチェックをするか。　→ 5

② **I haven't checked my e-mail yet.**
まだメールをチェックしてない。　→ 15

③ **He's always prompt with his replies.**
彼はいつも返信が早い。　→ 3

④ **I don't know how I can forward an e-mail.**
転送の仕方が分からない。　→ 20

⑤ **How can I attach a file?**
ファイルはどうやって添付するのかな？　→ 20, 35

⑥ **She changed her e-mail address again.**
また彼女アドレス変更したよ。

⑦ **She still hasn't replied to my e-mail.**
彼女からまだ返信がない。　→ 15

⑧ **His e-mail is garbled.**
彼からのメール、文字化けしている。　→ 31

⑨ **Who is this e-mail from?**
このメール誰からかな？　→ 46

⑩ **I have to send him the location of the restaurant.**
彼にレストランの場所を送らなくちゃ。　→ 11

⑪ **I started my own blog.**
ブログを始めた。

⑫ **My smartphone gets so much spam these days.**
最近、私のスマホ、迷惑メールばかり。

⑬ **I think I'm going to change my smartphone address.**
スマホのアドレスを変更しようかな。　　　　　→ 6

⑭ **I deleted his smartphone address by mistake.**
間違って彼のメルアド消しちゃった。

⑮ **My address list is gone.**
住所録が消えちゃった。

⑯ **After all, she didn't reply to me.**
結局、彼女から返信が来なかった。

⑰ **There's only junk mail today.**
今日はジャンクメールしかない。　　　　　→ 13

⑱ **I forgot to attach the document.**
文書を添付するの忘れた。　　　　　→ 30

⑲ **I'm sorry for the late reply.**
返信が遅れてごめん。　　　　　→ 3

⑳ **Finally, I got a reply from her.**
やっと彼女から返信が来た。

「スマートフォン」でつぶやく

① **Oh, no! My smartphone battery ran out.**
あらいやだ！スマホが電池切れ。

② **I think I'll replace my smartphone with another model.**
機種変更しようかな。 → 5

③ **My ringtone sounded in class.**
授業中に着メロが鳴っちゃった。

④ **I like her ringtone.**
彼女の着メロいいなあ。

⑤ **Someone's smartphone is vibrating.**
誰かのスマホがブルブル鳴ってる。 → 25

⑥ **Her wallpaper is so cute.**
彼女の待ち受けかわいいな。 → 3

⑦ **I think I'd better turn my smartphone off.**
スマホをオフにしておいた方がよさそうだな。 → 11

⑧ **I can't remember my smartphone number.**
自分の電話番号が思い出せない。 → 19

⑨ **I'm thinking of buying a new smartphone.**
新しいスマホを買おうか思案中。 → 25

⑩ **I dropped my smartphone on the floor.**
床にスマホを落としちゃった。

⑪ **I want a new smartphone.**
新しいスマートフォンが欲しい。→ 7

⑫ **I always set my smartphone to silent mode.**
いつもスマホはサイレントモードにしている。

⑬ **I didn't notice my smartphone was ringing.**
スマホが鳴っているのに気づかなかったな。　　　　　→ 25

⑭ **I'm not used to my new smartphone.**
新しいスマホにまだ慣れてない。　　　　　　　　　　→ 3

⑮ **The battery is running low. I have to charge my phone.**
バッテリーが切れそう。充電しなきゃ。　　　　　→ 25, 11

⑯ **The reception isn't good in this room.**
この部屋の受信状態は良くない。　　　　　　　　　　→ 3

⑰ **Can I download music on my smartphone?**
私のスマホで音楽のダウンロードできるかな？　　　　→ 19

⑱ **I can't use my smartphone. It's out of service area.**
スマホが使えない。圏外だ。　　　　　　　　　　→ 19, 3

⑲ **Don't talk on the phone in the train.**
電車の中で電話で話すなよ。　　　　　　　　　　　→ 28

⑳ **I called the wrong number.**
番号間違えちゃった。

「パーティー・クラス会」でつぶやく

① **What should I wear to the class reunion?**
クラス会に何を着て行こうかな？ → 44

② **What should I bring to the party?**
パーティーに何を持っていこうかな？ → 44

③ **Is there anything I should bring?**
何か持っていくものあるかな？ → 13

④ **Does this tie go with the jacket?**
このネクタイ、ジャケットに合うかな？

⑤ **Who should I invite to the party?**
パーティーに誰を招待しようかな？ → 46

⑥ **Do I have to wear a tie to the party?**
パーティーにネクタイをして行かないといけないかな？ → 11

⑦ **I can't decide which dress to wear.**
どっちのドレスを着たらいいのか決められないよ。 → 19

⑧ **I had trouble finding her place.**
彼女の家を見つけるのに苦労した。 → 10

⑨ **His wife is a great cook.**
彼の奥さんは料理上手。 → 3

⑩ **There is a party on Friday night at her place.**
金曜日の夜に、彼女の家でパーティーがある。 → 13

⑪ **It seems my cake was a big hit.**
私のケーキ、大ヒットだったみたい。→ 4, 23

⑫ **Who is coming to the party?**
パーティーには誰が来るのかな？
→ 45

⑬ **How many are coming?**
何人くらい来るのかな？
→ 36

⑭ **It seems he's not here today.**
彼は今日はここにいないみたい。
→ 3, 23

⑮ **Who is that woman over there?**
向こうにいる女性は誰かな？
→ 45

⑯ **I don't recognize that man.**
あの男性が誰だか分からない。

⑰ **She has changed a lot.**
彼女はずいぶん変わったなあ。
→ 15

⑱ **He hasn't changed at all.**
彼は全然変わってないなあ。
→ 15

⑲ **I'm looking forward to the class reunion next week.**
来週のクラス会、楽しみ。
→ 26

⑳ **Is Hitomi coming to the class reunion tonight?**
今夜、ヒトミはクラス会に来るかな？
→ 26

「カラオケ」でつぶやく

① **I'll go to karaoke by myself.**
一人カラオケしようっと。 → 5

② **How about going to karaoke for the second party?**
二次会にカラオケはどうかな？ → 35

③ **Is there a karaoke bar around here?**
この辺にカラオケはあるかな？ → 13

④ **How about the karaoke bar in front of the station?**
駅前のカラオケはどうかな？ → 35

⑤ **I don't like karaoke very much.**
カラオケはあまり好きじゃない。

⑥ **I haven't decided what to sing.**
何を歌えばいいか決めてないの。 → 15

⑦ **My specialty is a song by Hitoto Yo.**
私のおはこは一青窈なの。 → 3

⑧ **I want to sing a duet with Seiko.**
セイコとデュエットしたいなあ。 → 7

⑨ **He has no ear for music.**
彼は音痴だな。 → 33

⑩ **Can anyone sing this song?**
誰かこれ歌えないかな？ → 19

⑪ **Whose song is this?**
この曲入れたの誰？→ 45

⑫ **This song reminds me of my ex-boyfriend.**
この曲を聴くと元カレのことを思い出しちゃう。

⑬ **The key is too high.**
キーが高すぎる。　　　　　　　　　　　　　→ 3

⑭ **Her high notes are pretty good.**
彼女の高音、とてもきれいだな。　　　　　　→ 3

⑮ **I wish I was a good singer.**
歌がうまくなりたいなあ。　　　　　　　　　→ 8

⑯ **She sounds just like Hitoto Yo.**
彼女の声は一青窈にそっくり。

⑰ **Oops, I requested the wrong song.**
おっと、違う歌を入れちゃった。

⑱ **I have a sore throat from singing too much.**
歌いすぎて喉が痛い。　　　　　　　　　　　→ 34

⑲ **When it comes to karaoke, she gets so
excited she's like a different person.**
カラオケのこととなると、彼女は人が変わったみたいに
興奮する。　　　　　　　　　　　　　　　　→ 31

⑳ **I've never been to karaoke when I'm sober.**
しらふでカラオケに行ったことはない。　　　→ 16

「コンピューター」でつぶやく

① **This computer broke down.**
このコンピューター、故障しちゃった。

② **My computer froze again!**
またフリーズしちゃった！

③ **The file I saved is gone.**
保存したファイルがなくなっちゃった。 → 31

④ **I think I'd better organize my desktop.**
デスクトップを整理した方がいいかな。 → 11

⑤ **This computer is running out of hard disk space.**
このコンピューターはハードディスクの容量が不足してきた。→ 25

⑥ **There are so many posts on my blog.**
ブログに書き込みがたくさんある。 → 13

⑦ **This file is too large to send by e-mail.**
このファイルは重すぎてメールで送れない。 → 1

⑧ **I have to back up important files.**
重要なファイルはバックアップしなくちゃ。 → 11

⑨ **This desktop is getting slower.**
このデスクトップ、動きが遅くなってきた。 → 25

⑩ **I can't open the file.**
ファイルが開かない。 → 19

⑪ **It seems I've lost all my data.**
データが全部消えちゃったみたい。 → 15, 23

⑫ **This file may be infected with a virus.**
このファイル、ウイルスに感染しているかも。 → 24, 31

⑬ **Nowadays there are many web sites where we can learn English.**
近ごろは英語を学習できるサイトがたくさんある。 → 13

⑭ **This computer is getting slow. It's time to get a new one.**
このコンピューター、動きが遅くなってきた。買い替え時だ。 → 12, 25

⑮ **It seems there's no connection to the Internet.**
ネットに接続できないみたい。 → 13, 23

⑯ **I'll look it up online.**
ネットで調べてみようっと。 → 5

⑰ **How can I bookmark this website?**
このサイト、どうやってお気に入りにいれたらいいかな？ → 20, 35

⑱ **It's about time to update my website.**
そろそろホームページを更新するころだ。 → 12

⑲ **I think it's about time to buy a new PC.**
そろそろ新しいパソコンを買い替えるころかなあ。 → 12

⑳ **I'm thinking of upgrading my computer.**
コンピュータをアップグレードしようか思案中。 → 25

「飲み会」でつぶやく

① **There's a bar I frequent in front of the station.**
駅前に行きつけの飲み屋がある。　　　　　　　　→ 13

② **I think I'll drop by the sushi bar nearby.**
近所のすし屋に寄るかな。　　　　　　　　　　→ 5

③ **I'm in the mood for going out for a drink after work.**
アフターファイブは飲みに行きたい気分だなあ。　→ 7

④ **We have a welcome party for newcomers tonight.**
今夜は新人の歓迎会だ。　　　　　　　　　　　→ 33

⑤ **Let's start off with a draft beer.**
とりあえず生ビールにしよう。　　　　　　　　→ 27

⑥ **I'll have a quick drink on my way home.**
帰り道に軽く一杯行こうっと。　　　　　　　　→ 5

⑦ **I'm particular about wines.**
ワインにはうるさいよ。　　　　　　　　　　　→ 3

⑧ **I'm not familiar with whiskies.**
ウイスキーはあまり詳しくない。　　　　　　　→ 3

⑨ **I'm in the mood for a white wine tonight.**
今夜は白ワインが飲みたい気分。　　　　　　　→ 7

⑩ **I'm not young enough to chug like that.**
あんなふうに一気飲みできるほど若くない。　　→ 3

⑪ **It seems he can't hold his liquor.**
彼はあまりお酒は強くないみたい。→ **19, 23**

⑫ **It seems she has hollow legs.**
彼女は底なしみたい。 → **23, 33**

⑬ **It's about time to call it a night.**
そろそろお開きの時間だ。 → **12**

⑭ **Let's go to another bar.**
二次会に行こう。 → **27**

⑮ **I'm feeling the alcohol.**
お酒が回ってきた。 → **25**

⑯ **I feel like throwing up.**
吐きそう。 → **7**

⑰ **I won't go to another bar tonight.**
今夜は二次会には行かない。 → **5**

⑱ **I have to catch the last train.**
終電に乗らなくちゃ。 → **11**

⑲ **Let's go barhopping tonight.**
今夜ははしご酒をしよう。 → **27**

⑳ **I came to appreciate Japanese sake recently.**
最近は日本酒の味が分かるようになってきた。

「飲み会の翌日」につぶやく

① **I have a terrible hangover.**
ひどい二日酔いだ。 → 34

② **I have a splitting headache.**
頭がズキズキする。 → 34

③ **I have no appetite.**
食欲が全然ない。 → 33

④ **I'll never drink again.**
もう、お酒は絶対飲まない。 → 5

⑤ **I didn't drink that much, though.**
そんなに飲まなかったんだけどなあ。

⑥ **I shouldn't have mixed whisky and wine.**
ウイスキーとワインのチャンポンをしなきゃよかった。 → 29

⑦ **I don't remember anything before I left the bar.**
飲み屋を出る前のことは全然覚えてない。

⑧ **I don't remember how I got home last night.**
夕べはどうやって家に帰ったか覚えていない。

⑨ **I woke to find myself lying on the bench at the station.**
気がついたら駅のベンチで寝てた。

⑩ **Where did I go for the second party last night?**
夕べの二次会はどこに行ったんだっけ？ → 40

⑪ **I took a taxi home last night.**
夕べは家までタクシーで帰った。

⑫ **The taxi cost me 10,000 yen.**
タクシーで1万円かかった。

⑬ **My coat is dirty. Was I sleeping on the street?**
コートが汚れてる。道で寝てたのかな？　　　　　→ 3, 25

⑭ **Does my breath smell like alcohol?**
お酒臭いかな？

⑮ **I smell alcohol on his breath.**
あいつ、酒臭い。

⑯ **I must drink a lot of water.**
水分をたくさん摂らなくちゃ。　　　　　→ 11

⑰ **I'm not going to drink tonight.**
今日は休肝日にしよう。　　　　　→ 6

⑱ **Oh, we have a party again tonight.**
ああ、今晩も飲み会だ。　　　　　→ 33

⑲ **I may have had too much to drink.**
夕べは飲み過ぎたかな。　　　　　→ 24, 33

⑳ **I gained two kilograms in a single night.**
一晩で2キロも増えちゃった。

「博物館・美術館」でつぶやく

① **I'm taking my kids to a museum this weekend.**
今週末に子どもたちを博物館に連れていくことになってる。→ 26

② **This museum is so big we can't see it all in a day.**
この博物館は広すぎて1日で全部は見られない。　　→ 1, 19

③ **Are there any special exhibits going on at the National Science Museum?**
国立科学博物館では何か特別展示はあるかな？　　→ 14

④ **How much is the admission fee?**
入場料はいくらかな？　　→ 36

⑤ **What time does the museum open?**
開館時間は何時かな？　　→ 37

⑥ **What day is the museum closed?**
休館日はいつかな？　　→ 44

⑦ **I wish I could paint such a picture.**
私もこんな絵が描けたらなあ。　　→ 8

⑧ **What a long line! How long do I have to wait?**
何て長い列！どれくらい待つかなあ？　　→ 47, 11, 36

⑨ **I got two free art gallery tickets. Who shall I ask out?**
美術館の無料チケットを2枚もらった。誰を誘おうかな？→ 46

⑩ **I want to go to the railroad museum in Omiya.**
大宮の鉄道博物館に行ってみたいな。　　→ 7

⑪ **It seems we can't take pictures in this museum.**
この博物館では写真を撮るのはダメみたい。 → 19, 23

⑫ **I feel like I've seen this before.**
これ前に見たことがあるような気がする。 → 7, 16

⑬ **How lucky! Admission is free for visitors 60 and over.**
ラッキー！ 60歳以上は入場無料だ。 → 3

⑭ **There is a group discount when 10 or more people visit together.**
10人以上は団体割引がある。 → 13

⑮ **What a crowd! I should have come on a weekday.**
何という人混み！平日に来ればよかった。 → 47, 29

⑯ **He has no eye for painting.**
彼は絵画を見る目がないなあ。 → 33

⑰ **Do they have any famous works of art here?**
ここには何か有名な作品はあるかな？ → 33

⑱ **There's a Vermeer exhibition at the National Museum of Western Art.**
国立西洋美術館でフェルメール展をやっている。 → 13

⑲ **The admission fee is 420 yen for each adult.**
入場料は大人420円。 → 3

「スポーツ」をつぶやく

① **This is his second yellow card.**
これでイエローカード2枚目だ。 → 1

② **That was a great pass.**
いいパスだったなあ。 → 1

③ **His kick missed the goal.**
彼のシュートが外れた。

④ **Yoshida headed the ball into the goal.**
吉田がヘッディングシュートを決めた。

⑤ **Who is winning?**
どっちのチームが勝っているのかなあ？ → 45

⑥ **What a shame that kick didn't go in!**
今のシュート惜しかったなあ！ → 48

⑦ **What a close game this is!**
すごい接戦！ → 47

⑧ **Ugh, the game's over.**
あ～あ、終わっちゃった。 → 3

⑨ **They turned the game around.**
逆転したぞ。

⑩ **Which team is he supporting?**
彼はどっちのチームを応援しているのかなあ？ → 25, 44

⑪ **My son is on a little league team.**
息子は少年野球のチームに入っている。 → 3

⑫ **I'm at second base.**
2塁を守っている。 → 3

⑬ **Where is he in the batting lineup?**
彼は何番打者かな？ → 39

⑭ **He's batting fifth.**
彼は5番打者。 → 3

⑮ **Now, we're in trouble. The bases are loaded.**
やばい、満塁のピンチだ。 → 3, 31

⑯ **He missed stealing second.**
2塁の盗塁に失敗した。

⑰ **That was a fine play just now.**
今のはファインプレー。 → 4

⑱ **They've gone into overtime.**
延長戦に入った。 → 15

⑲ **There's 20 minutes to go in the first half.**
前半は残りあと20分。 → 13

⑳ **How much additional time will be allocated?**
ロスタイムはどれくらいかなあ？ → 36

「映画・音楽」をつぶやく

① **I have been playing the piano since I was a child.**
子どものころからピアノを弾いています。 → 25

② **I have perfect pitch.**
絶対音感があるよ。 → 33

③ **I hardly ever go to karaoke, because I'm tone-deaf.**
音痴だからカラオケにはめったに行かない。 → 3

④ **I'm a big fan of Fukuyama Masaharu.**
福山雅治の大ファンだ。 → 3

⑤ **I usually listen to classical music.**
いつもクラシックを聴くよ。

⑥ **I go to the movies at least once a month.**
月に最低1回は映画を見に行く。

⑦ **What's on at this theater?**
この劇場では今、何が上演されているのかな？ → 43

⑧ **What time does the show start?**
開演は何時かな？ → 37

⑨ **What time do the doors open?**
開場は何時かな？ → 37

⑩ **Where's my seat? It's somewhere in the middle.**
私の席はどこかな？真ん中あたりなんだけど。 → 39, 3

⑪ **What's the seating capacity of this movie theater?**
この映画館は何人収容できるかな？ → 43

⑫ **I like watching science-fiction movies.**
SF 映画を見るのが好き。 → 9

⑬ **My favorite actor is Tom Cruise.**
好きな俳優はトムクルーズ。 → 3

⑭ **My wife studied music at college.**
妻は大学時代、音楽を勉強していた。

⑮ **I can't read music.**
楽譜は読めない。 → 19

⑯ **I wish I could play the guitar.**
ギターが弾けたらなあ。 → 8

⑰ **I wanted to be a singer when I was a child.**
子どものころは歌手になりたかった。 → 7

⑱ **The movie was better than I expected.**
その映画は思っていた以上に良かった。 → 4

⑲ **Who is starring in this movie?**
この映画の主役は誰だろう？ → 25, 45

⑳ **It was such a moving story that I cried at the end of the story.**
とっても感動的な物語だったから最後のシーンで泣いちゃった。→ 4

「美容院の待合室」でつぶやく

カットやパーマの待ち時間につぶやける表現を集めました。右ページの答えを隠して、つぶやいてみましょう。

① 白髪が増え出したから黒く染めよう。

② お気に入りの美容師さんは今日はいないみたい。

③ カットだけだといくらかな？

④ カットとパーマでいくらかな？

⑤ ストレートパーマには、どれくらい時間がかかるかな？

⑥ イメチェンしてみようかな。

⑦ ショートにしたら似合うかな？

⑧ ショートにしてみよう。

⑨ シャンプーは別料金かな？

⑩ この写真のようにしたいなあ。

① My hair is beginning to gray, so I'll dye it black.

② It seems my favorite hairstylist isn't here today.

③ How much is it for just a simple cut?

④ How much is it for a cut and perm?

⑤ How long will it take to get a straight perm?

⑥ I think I'll try a total makeover.

⑦ Do I look good with short hair?

⑧ I'm going to have it cut short.

⑨ Is there an extra charge for shampooing?

⑩ I want to have my hair look like this photo.

実践編

シーン別につぶやこう！

OUTPUT!

「旅先」も 英語でペラペラ！

新しい経験をして脳がフル回転している
旅先は、「つぶやき学習」の絶好の機会！
初めて見聞きするものごとや、人との出会い、
郷土料理、景色のすばらしさなど、
感動をどんどん表現してみましょう！

「出発前の空港」でつぶやく

① **How long does it take to get to the airport by limousine?**
空港までリムジンバスでどれくらい時間がかかるかな？ → 36

② **How much does it cost to get to the airport by taxi?**
タクシーで空港までいくらかかるかな？ → 36

③ **Where is the first terminal building?**
第1ターミナルはどこかな？ → 39

④ **Which station is for the second terminal building?**
第2ターミナルビルはどの駅かな？ → 44

⑤ **Which terminal is ANA in Narita Airport?**
成田空港ではANAはどっちのターミナルかな？ → 44

⑥ **Where's the check-in counter for JAL?**
ＪＡＬのチェックインカウンターはどこかな？ → 39

⑦ **Where are we supposed to meet?**
集合場所はどこだっけ？ → 31, 39

⑧ **I have to check in two hours before the departure time.**
2時間前にチェックインしなくちゃ。 → 11

⑨ **Can I sit in the window seat?**
窓側の席に座れるかな？ → 19

⑩ **I want to sit in the aisle seat.**
通路側の席に座りたいなあ。 → 7

⑪ **Where is the boarding gate?**
搭乗ゲートは何番かな？ → 39

⑫ **Can I bring this bag onto the plane?**
この荷物は機内に持ち込みできるかな？ → 19

⑬ **Are there any duty-free shops inside?**
中に免税店はあるかな？ → 13

⑭ **Which is my plane?**
どの飛行機に乗るのかな？

⑮ **How many passengers can this plane carry?**
この飛行機に何人乗れるのかな？ → 36

⑯ **It seems our flight is on schedule.**
私たちの乗る便は予定通りみたい。 → 3, 23

⑰ **How many minutes to go before departure?**
出発まであと何分あるのかな？ → 36

⑱ **Do I have to take out traveler's insurance?**
海外旅行保険に入った方がいいかなあ？ → 11

⑲ **Our flight is 30 minutes delayed.**
私たちの乗る便は 30 分遅れてる。 → 3

「機内」でつぶやく

① **Where's my seat?**
席はどこかな？ → 39

② **Someone is still sitting in my seat.**
誰かがまだ私の席に座っている。 → 25

③ **I'm afraid this is my seat.**
ここは私の席じゃないかな。 → 1, 3

④ **I wish I could fly business class just once.**
一回だけでもビジネスクラスで行ってみたいなあ。 → 8

⑤ **There are many pretty flight attendants on this plane.**
この便には美人の客室乗務員がたくさんいる。 → 13

⑥ **Is the restroom vacant?**
トイレは空いているかな？ → 3

⑦ **Can I have another blanket?**
毛布をもう1枚もらえるかな？ → 19

⑧ **When do they serve meals?**
機内食はいつ出るのかな？ → 38

⑨ **I think I'll have beef.**
ビーフを食べようかな。 → 5, 33

⑩ **I want to drink beer.**
ビールが飲みたい。 → 7

⑪ **Is beer free?**
ビールは無料かな？ → 3

⑫ **Can I have one more glass of wine?**
ワインをもう1杯もらえるかな？ → 19

⑬ **How long does it take to fly to Sydney?**
シドニーまでどれくらい（時間が）かかるのかな？ → 36

⑭ **Where are we flying over?**
今、どの辺を飛んでいるのかな？ → 25, 39

⑮ **What is the local time?**
今、現地の時間で何時かな？ → 43

⑯ **I have to adjust my watch to the local time.**
時計を現地時間に合わせないと。 → 11

⑰ **What is the weather like in London?**
ロンドンの天気はどうかな？ → 44

⑱ **I have to fill in the immigration card.**
入国カードを記入しなくちゃ。 → 11

⑲ **What's today's menu?**
今日のメニューは何かなあ？ → 43

⑳ **There are many kinds of cocktails in the menu.**
カクテルの種類がたくさんある。 → 13

「到着後の空港」でつぶやく

① **Here we are finally at Honolulu Airport.**
やっとホノルル空港に着いた。
→ 3

② **What's the time difference?**
時差はどれくらいかな？
→ 43

③ **I'm tired from the long flight.**
長旅で疲れたなあ。
→ 31

④ **I have jet lag.**
時差ぼけがする。
→ 33

⑤ **Wow, what a modern building!**
わあ、何て近代的なビル！
→ 47

⑥ **Gosh! Is this really an international airport?**
えっ！これが本当に国際空港？
→ 2

⑦ **I want to go to the restroom.**
トイレに行きたい。
→ 7

⑧ **Where's the baggage claim?**
手荷物引き取り場はどこかな？
→ 39

⑨ **It's a pain to wait for my baggage to come out.**
荷物が出てくるのを待つのは面倒。
→ 10

⑩ **I can't find my baggage.**
荷物が見つからない。
→ 19

⑪ **My suitcase is damaged.**
スーツケースが壊れてる。 → 31

⑫ **One of the wheels is missing.**
スーツケースのキャスターの１つがなくなってる。 → 25

⑬ **Where can I claim the damage?**
どこで損害賠償を請求できるのかな？ → 20, 40

⑭ **Which exit should I go out from?**
どっちの出口から出ればいいのかな？ → 44

⑮ **I have to look for the local guide.**
現地の係員を探さなくちゃ。 → 11

⑯ **Where can I exchange money?**
両替はどこでできるかな？ → 20, 40

⑰ **Where's the tourist information office?**
観光案内所はどこかな？ → 39

⑱ **How far is the hotel from the airport?**
空港からホテルまでどれくらいの距離かな？ → 36

⑲ **Which bus goes downtown?**
市の中心部に行くバスはどれかな？ → 44

⑳ **What's the taxi fare to the hotel?**
ホテルまでタクシーでいくらかな？ → 43

「ホテル」でつぶやく

① **I'll carry my baggage by myself.**
自分で荷物を運ぼうっと。 → 5

② **On which floor is my room?**
部屋は何階かな？ → 39

③ **My room number is 204.**
部屋の番号は204だ。 → 3

④ **Is there a swimming pool in this hotel?**
このホテルにはプールはあるかな？ → 13

⑤ **Are there any restaurants in this hotel?**
このホテルにはレストランはあるかな？ → 13

⑥ **Are there any convenience stores near the hotel?**
ホテルの近くにコンビニはあるかな？ → 13

⑦ **Do they have pickup service from the airport?**
空港から出迎えのサービスはあるかな？ → 33

⑧ **I want a room on an upper floor.**
上の方の階の部屋がいいなあ。 → 7

⑨ **How much is a single room for one night?**
1泊シングルでいくらかな？ → 36

⑩ **Does the charge include breakfast?**
料金に朝食は含まれているのかな？

⑪ **Do they have a discount if I stay for a week?**
1週間泊まれば割引してくれるかな？ → 33

⑫ **Can I get Internet access in the room?**
部屋からネットに接続できるかな？ → 19

⑬ **How long shall I stay at the hotel?**
このホテルに何泊しようかな？ → 36

⑭ **What is the checkout time?**
チェックアウトは何時かな？ → 43

⑮ **Can they charge it to my room?**
部屋につけておいてくれるかな？ → 19

⑯ **What time can I start eating breakfast?**
朝食は何時から食べられるのかなあ？ → 19, 37

⑰ **Is there anyone who speaks Japanese?**
日本語を話す人はいるかな？ → 13

⑱ **I have to ask for a wakeup call.**
モーニングコールを頼まなくちゃ。 → 11

⑲ **How much should I tip the porter?**
ポーターにいくらチップをあげればいいかな？ → 36

⑳ **This is the best hotel I've ever stayed at.**
こんな立派なホテルに泊まるのは初めて。 → 1, 16

「ホテルで苦情」をつぶやく

① **How can I open the door?**
どうやってドアを開けるのかな？　　　　　→ 20, 35

② **I can't open the door.**
ドアが開けられない。　　　　　→ 19

③ **This room smells of smoke.**
この部屋、たばこ臭い。

④ **Can I change rooms?**
他の部屋に替えてもらえるかな？　　　　　→ 19

⑤ **Hot water doesn't come out.**
お湯が出てこない。

⑥ **It seems the air-conditioner isn't working.**
エアコンが効いてないみたい。　　　　　→ 23, 25

⑦ **I'm locked out.**
締め出されちゃった。　　　　　→ 31

⑧ **How can I turn on the lights of the room?**
部屋の明かりはどうやってつけるのかな？　　　　　→ 20, 35

⑨ **The window won't open.**
窓が開かない。

⑩ **The hot water isn't hot enough.**
お湯がぬるい。　　　　　→ 3

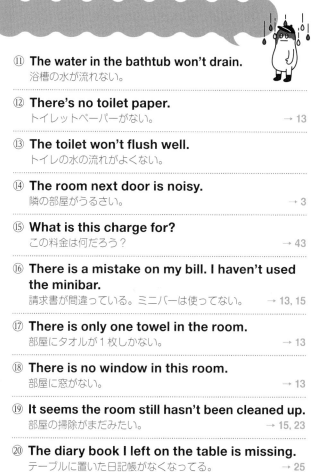

⑪ **The water in the bathtub won't drain.**
浴槽の水が流れない。

⑫ **There's no toilet paper.**
トイレットペーパーがない。　　　　　　　　　　　　→ 13

⑬ **The toilet won't flush well.**
トイレの水の流れがよくない。

⑭ **The room next door is noisy.**
隣の部屋がうるさい。　　　　　　　　　　　　　　　→ 3

⑮ **What is this charge for?**
この料金は何だろう？　　　　　　　　　　　　　　　→ 43

⑯ **There is a mistake on my bill. I haven't used the minibar.**
請求書が間違っている。ミニバーは使ってない。　　→ 13, 15

⑰ **There is only one towel in the room.**
部屋にタオルが1枚しかない。　　　　　　　　　　　→ 13

⑱ **There is no window in this room.**
部屋に窓がない。　　　　　　　　　　　　　　　　　→ 13

⑲ **It seems the room still hasn't been cleaned up.**
部屋の掃除がまだみたい。　　　　　　　　　　　　→ 15, 23

⑳ **The diary book I left on the table is missing.**
テーブルに置いた日記帳がなくなってる。　　　　　→ 25

「レストラン」でつぶやく

① **Are there any nice restaurants around here?**
この辺にいいレストランは何軒かあるかな？　　　　→ 13

② **There's a less expensive Japanese restaurant near the hotel.**
ホテルのそばにそんなに高くない日本食レストランがある。→ 13

③ **I have to reserve a table for the restaurant.**
レストランの予約をしなくちゃ。　　　　　　　　　→ 11

④ **Can I sit by the window?**
窓側の席に座れるかな？　　　　　　　　　　　　　→ 19

⑤ **What is the chef's recommendation?**
シェフのお勧めは何かな？　　　　　　　　　　　　→ 43

⑥ **What is today's soup?**
今日のスープは何かな？　　　　　　　　　　　　　→ 43

⑦ **What is that man eating?**
あの男性は何を食べているのかな？　　　　　　→ 25, 43

⑧ **I'll have the same one that man is eating.**
あの男性が食べているのと同じもの食べようっと。→ 5, 25, 33

⑨ **I'll have this one.**
これにするかな。　　　　　　　　　　　　　　　　→ 5

⑩ **I'll have the steak medium rare.**
ステーキはミディアムレアにしようっと。　　　　→ 5, 33

⑪ **I think I'll have another beer.**
もう一杯ビールを飲もうかな。 → 5

⑫ **Can I have some more bread?**
パンをもっともらえるかな？　　　　　　　　　　　　→ 19

⑬ **I want to see the menu again.**
もう一度メニューを見たいな。　　　　　　　　　　　→ 7

⑭ **What shall I eat for dessert?**
デザートに何を食べようかな？　　　　　　　　　　　→ 44

⑮ **Can I have a doggy bag?**
持ち帰りの袋、もらえるかな？　　　　　　　　　　　→ 19

⑯ **What kind of ice cream do they have?**
どんな種類のアイスクリームがあるのかな？　　　→ 33, 44

⑰ **Every dish is delicious at this restaurant.**
ここの店の料理は何でもおいしい。　　　　　　　　→ 3

⑱ **Can I pay by credit card?**
クレジットカードで払えるかな？　　　　　　　　　　→ 20

⑲ **The restaurant is very crowded. I should have reserved a table.**
レストラン、すごく混んでる。予約しておけばよかった。→ 3, 29

⑳ **First of all, I'll order today's soup.**
まずは、今日のスープを頼もう。　　　　　　　　　　→ 5

「観光ツアー」をつぶやく

① **Where's the tourist information center?**
観光案内所はどこかな？　　　　　　　　　　　　→ 39

② **Do they have brochures written in Japanese?**
日本語のパンフレットはあるかな？　　　　　　　→ 33

③ **Is there a city tour?**
市内観光ツアーはあるかな？　　　　　　　　　　→ 13

④ **What's on at the concert hall?**
コンサートホールでは何をやっているのかな？　　→ 43

⑤ **Where can I get a ticket for the concert?**
コンサートのチケットはどこで買えるのかな？　　→ 20, 40

⑥ **What's the best way to get around the city?**
市を回るのに一番いい方法は何かな？　　　　　　→ 43

⑦ **What time does the tour start?**
そのツアーは何時からかな？　　　　　　　　　　→ 37

⑧ **Can I reserve the tour here?**
ここでツアーの予約ができるかな？　　　　　　　→ 19

⑨ **Is there a guide who can speak Japanese?**
日本語を話せるガイドはいるかな？　　　　　　　→ 13

⑩ **How long does the tour last?**
そのツアーの時間はどれくらいかな？　　　　　　→ 36

⑪ **Does this tour include lunch?**
このツアーに昼食は含まれているのかな？

⑫ **When and where should we meet?**
いつどこに集合すればいいのかな？ → 38, 40

⑬ **I'm going to do the sights of London today.**
今日はロンドン観光をするつもり。 → 6

⑭ **What a long line! How many hours do I have to wait?**
何て長い列！何時間待つかな？ → 47, 11, 36

⑮ **When was this castle built?**
この城はいつ建てられたのかな？ → 31, 37

⑯ **How tall is it?**
高さはどれくらいかな？ → 36

⑰ **What is this town famous for?**
この町で有名なものは何かな？ → 43

⑱ **Can I take a picture in here?**
この中で写真は撮ってもいいのかな？ → 19

⑲ **We are meeting in the lobby of the hotel at 8:30.**
集合場所はホテルのロビーで時間は 8：30。 → 26

⑳ **They will pick us up at the hotel.**
ホテルまで迎えに来てくれる。 → 23

「観光の移動中」につぶやく

① **What time does the ferry leave?**
フェリーの出発は何時かな？　　　　　　　　　→ 37

② **Does this bus go to New Castle?**
バスはニューキャッスルに行くかな？

③ **Where's the taxi stand?**
タクシー乗り場はどこかな？　　　　　　　　　→ 39

④ **Where can I get a bus to the zoo?**
動物園行きのバスはどこで乗れるかな？　　　→ 20, 40

⑤ **What's the fare?**
運賃はいくらかな？　　　　　　　　　　　　　→ 43

⑥ **Does this bus stop at Central Park?**
このバスはセントラルパークに停まるかな？

⑦ **Do I have to change trains?**
乗り換えは必要かな？　　　　　　　　　　　　→ 11

⑧ **Where is the nearest subway station?**
最寄りの地下鉄の駅はどこかな？　　　　　　　→ 39

⑨ **Where am I on this map?**
今、この地図のどこにいるんだろう？　　　　→ 3, 39

⑩ **How long does it take to get to the Statue of Liberty?**
自由の女神までどれくらい（時間が）かかるのかな？　→ 36

⑪ **How often does the bus go to Hyde Park?**
ハイドパーク行きのバスはどれくらいの間隔で
走ってるかな？
→ 36

⑫ **Is this the right way to the hotel?**
ホテルに行くにはこの道でいいのかな？
→ 2

⑬ **Can I walk from here?**
ここから歩いて行けるかな？
→ 19

⑭ **What's the name of this street?**
この通りの名前は何だろう？
→ 43

⑮ **Which bus goes to the airport?**
空港行きのバスはどれかな？
→ 44

⑯ **I have to get off here.**
ここで降りなくちゃ。
→ 11

⑰ **Where should I transfer?**
どこで乗り換えればいいのかな？
→ 40

⑱ **What platform does the train for Brighton leave?**
ブライトン行きの電車は何番線から出るのかな？
→ 44

⑲ **Can you tell me when to get off?**
いつ降りたらいいか教えてくれる？
→ 19

⑳ **There are three more stops until the destination.**
目的地まであと3駅。
→ 13

「訪問国の実情」をつぶやく

① **What is the population of this country?**
この国の人口はどれくらいかな？ → 43

② **What make is this watch?**
この時計はどこ製かな？ → 2, 44

③ **Where are these mangoes grown?**
これらのマンゴーはどこ産かな？ → 31, 39

④ **What's the capital of this country?**
この国の首都はどこかな？ → 43

⑤ **What's the main industry of this country?**
この国の主な産業は何かな？ → 43

⑥ **What's the highest mountain in this country?**
この国で一番高い山は何かな？ → 43

⑦ **What's the most popular sport in this country?**
この国で一番人気のあるスポーツは何かな？ → 43

⑧ **Is there a Japanese restaurant in this town?**
この町には日本食レストランがあるかな？ → 13

⑨ **What's the most typical food in this country?**
この国で一番典型的な料理は何かな？ → 43

⑩ **What's the time difference between Japan and this country?**
日本とこの国の時差はどれくらいかな？ → 43

⑪ **What's the staple food in this country?**
この国の主食は何かな？ → 43

⑫ **What's the official language of this country?**
この国の公用語は何かな？　　　　　　　　　　　　 → 43

⑬ **What language is spoken in this country?**
この国では何語が話されているのかな？　　　　　 → 31, 44

⑭ **When is the best season to visit this country?**
この国を訪れるのは一番いい季節はいつかな？　　 → 37

⑮ **Do they have much snow in winter?**
この国では冬に雪がたくさん降るかな？　　　　　 → 33

⑯ **There are so many Japanese cars in this country.**
この国には日本製の車が多いなあ。　　　　　　　 → 13

⑰ **What's the altitude of this town?**
この町の標高はどれくらいかな？　　　　　　　　 → 43

⑱ **What's the hottest month in this country?**
この国で一番暑い月は何月ですか？　　　　　　　 → 43

⑲ **Over 90% of the total population of this country is Christian.**
この国では国民の 90％以上がクリスチャン。　　 → 3

⑳ **The major religion of this country is Buddhism.**
この国の主な宗教は仏教。　　　　　　　　　　　 → 3

「バスターミナルの待合室」でつぶやく

　バスの出発の待ち時間につぶやける表現を集めました。右ページを隠して、ヒントなしでつぶやいてみましょう。

① 次のブライトン行きのバスは何時かな？

② バスの路線図はどこで手に入るのかな？

③ 切符はどこで買えばいいのかな？

④ ダウンタウン行きのバスはどこで乗ればいいのかな？

⑤ 東京駅行きのバスが出るまで 30 分ある。

⑥ 新宿駅までいくらかな？

⑦ このバスはパットニーで停まるかな？

⑧ バスの運転手にどこで降りたらいいか教えてもらおう。

⑨ ドーバー行きのバスは何番かな？

⑩ 空港までどれくらい時間がかかるかな？

① **What time is the next bus for Brighton?**

② **Where can I get a bus route map?**

③ **Where can I get a ticket?**

④ **Where can I catch the bus that goes downtown?**

⑤ **There are 30 minutes to go before the next bus for Tokyo Station leaves.**

⑥ **How much is it to Shinjuku Station?**

⑦ **Does this bus stop at Putney?**

⑧ **I'm going to ask the driver to tell me where to get off.**

⑨ **What is the number of the bus that goes to Dover?**

⑩ **How long does it take to get to the airport?**

本書は自分未来アソシエより刊行された『つぶやき英語でマスターする365日 朝から晩までフレーズ』を文庫収録にあたり改筆、改題したものです。

ウィリアム・J・カリー
1935年米国フィラデルフィア生まれのイエズス会宣教師。ミシガン大学で比較文学博士号（PhD）を取得。1960年に来日し、上智大学学長を6年間務める。2011年文化勲章受章。

清水建二（しみず・けんじ）
東京都浅草生まれ。埼玉県立越谷北高校を卒業後、上智大学文学部英文学科に進む。ガイド通訳士、東進ハイスクール講師、進学の名門・県立浦和高校で教鞭を執り、英語教材クリエイターとして活躍。高校教諭時代は、基礎から上級まで、わかりやすくユニークな教え方に定評があり、生徒たちからは「シミケン」の愛称で人気を博す。著書はベストセラー『英単語の語源図鑑』（共著・かんき出版）のほか、『毎日つぶやく英会話「1秒」レッスン』（成美堂出版）、『くらべてわかる英単語』（大和書房）など80冊を超える。趣味は海外旅行、食べ歩き、ジョギング。朝日ウィークリーでコラムを連載中。

【公式サイト】http://shimiken.me/

知的生きかた文庫

朝から夜までつぶやき英語

監修　ウィリアム・J・カリー
著者　清水建二

発行者　押鐘太陽
発行所　株式会社三笠書房
〒一〇二−〇〇七二　東京都千代田区飯田橋三−三−一
電話〇三−五二二六−五七三四〈営業部〉
　　　〇三−五二二六−五七三一〈編集部〉
https://www.mikasashobo.co.jp

印刷　誠宏印刷
製本　若林製本工場

© Kenji Shimizu, Printed in Japan
ISBN978-4-8379-8642-3 C0182